Mosaik

Die gute Küche

SALATE

MOSAIK VERLAG

Herausgeber: Dr. Renate Zeltner
Einbandgestaltung: Angelika Spichtinger
Layout: Hanne Koblischka

Sonderausgabe mit Genehmigung
des Mosaik Verlag GmbH, München, für die
Bertelsmann Club GmbH, Gütersloh
Fotos: Seiten 50, 54, 58 Kluwerpers b. v., Utrecht;
alle übrigen Orbis-Verlag, München
Satz: Filmsatz Schröter GmbH, München
Druck und Bindung: Neef & Stumme, Wittingen
ISBN 3-570-07507-9
Printed in Germany

Inhalt

Salat – 365mal im Jahr

Wer mit dem Wort Salat die Vorstellung von einigen in säuerlich-wäßriger Soße ersäuften Kopfsalatblättern oder Gurkenscheiben oder allenfalls von mayonnaise-mächtigem Kartoffel- oder Nudelsalat verbindet, der soll sich von diesem Buch eines Besseren belehren lassen.

Salat – das ist der fröhlich-knackige Auftakt zu einem guten Essen oder auch eine vitaminreich-frische Beilage zu warmen Gerichten oder sogar eine ganze gesunde Mahlzeit für sich. In jedem Fall eine Anhäufung von wohlschmeckenden Zutaten, würzigen Kräutern und Gemüsen, angereichert mit den entsprechenden Marinaden. Da die meisten Salate ganz oder teilweise aus rohen Ingredienzien bestehen, ist für Mineralien- und Vitaminzufuhr gesorgt und damit für Gesundheit aus der Salatschüssel. Daß Salate heute immer mehr als Schrittmacher für das Hauptgericht dienen, also schon als Vorspeise und nicht nur so nebenbei serviert werden, hat auch etwas damit zu tun.

Doch sind Salate natürlich nicht nur dem Wohlbefinden förderlich, sondern auch ein Genuß ganz besonderer Art – wenn man mit Öl und Essig, mit Kräutern und Gewürzen umzugehen weiß.

Ein Wort zu den Zutaten: Je edler und würziger der Essig und das Öl, desto köstlicher und raffinierter der Salat. Verwenden Sie den billigen Essig, den Sie letztens im Sonderangebot erstanden haben, also lieber zum Fensterputzen und genehmigen Sie sich einen Essig der gehobenen Preiskategorie. Sie werden den Unterschied bei Ihren Salaten bald merken. Gehen Sie beim Öleinkauf ebenfalls kritisch vor. Gutes Salatöl soll möglichst viele der wichtigen mehrfach ungesättigten Fettsäuren enthalten, und das gilt vor allem für Distelöl, Sonnenblumenöl, Maiskeimöl, die sich alle gut für den Salat eignen. Daneben gibt es Öle, die wegen ihres unnachahmlichen Aromas und Geschmacks in die Salatküche gehören: Walnußöl, Traubenkernöl, feines Olivenöl – aus erster Pressung natürlich. Sicher, gutes Öl ist teuer, aber man braucht es ja nur tropfenweise zu verwenden.

Ganz obenan unter den Rezeptzutaten für Salate aber rangiert neben frischem, knackigem Gemüse und Kräutern, Fleisch und Fisch sowie qualitätvollen Marinaden – die Fantasie. Mit einer Prise Fantasie nämlich können die Rezepte dieses Buches, so appetitlich und so abwechslungsreich sie auch sein mögen, nur noch besser werden.

Monte-Carlo-Salat (Rezept Seite 37)

Salate mit Blattgemüsen

Weißkohlsalat mit Ananas

½ kleiner Kopf Weißkohl (250 g)
3 frische Ananasscheiben
1 Stange Lauch
Für die Marinade:
9 Eßlöffel Distelöl
3 Eßlöffel Zitronensaft
Salz
weißer Pfeffer
1 Prise Zucker
Für die Garnierung:
4 Salatblätter
2 Stengel Petersilie

Weißkohl putzen, vierteln, waschen, abtropfen lassen. Strunk ausschneiden. Kohl fein schneiden oder hobeln. In eine Schüssel geben.
Lauch putzen, unter kaltem Wasser gründlich waschen, abtropfen lassen. Die grünen Blatteile abschneiden. Den weißen oder gelben Lauch in feine Ringe schneiden. Mit den Ananasstücken zum Kohl geben und mischen.
Für die Marinade Öl und Zitronensaft in einer Schüssel verrühren. Mit Salz, Pfeffer, Zucker abschmecken. Über den Salat gießen. Mischen. Zugedeckt 30 Minuten ziehen lassen. Nochmals abschmecken.
Salatblätter und Petersilie abspülen und gut trockentupfen.
Eine Glasschale mit Salatblättern auslegen. Den Salat einfüllen. Petersilie fein hacken. Über den angerichteten Salat streuen und diesen sofort servieren.
Vorbereitung: 20 Minuten.
Zubereitung: Ohne Marinierzeit 5 Minuten.

Kohlsalat kalifornisch

½ Kopf Weißkohl
Salz
1 l Wasser
2 Bananen
Saft einer Zitrone
2 Orangen
2 Eßlöffel Rosinen
Für die Marinade:
2 Eßlöffel Maiskeimöl
1 Eßlöffel Honig
Saft einer halben Orange
Salz
weißer Pfeffer
Zum Garnieren:
1 Orange

Weißkohl putzen, waschen und Blätter ablösen. Dicke Rippen ausschneiden.
Gesalzenes Wasser in einem Topf aufkochen. Kohlblätter darin 5 Minuten ziehen lassen. Herausnehmen, abtropfen lassen.
Geschälte Bananen in dünne Scheiben schneiden. In eine Schüssel geben und mit Zitronensaft beträufeln.
Weißkohlblätter in 5 cm lange Streifen schneiden. Orangen schälen (weiße Haut sorgfältig entfernen) und in Stücke schneiden. Rosinen mit heißem Wasser übergießen. Mit Haushaltspapier trockentupfen.
Weißkohl, Orangen und Rosinen in der Schüssel mit den Bananen mischen.
Für die Marinade Maiskeimöl, Honig, Orangensaft, Salz und Pfeffer in einer Schüssel verrühren. Über den Salat gießen. Zugedeckt 60 Minuten im Kühlschrank durchziehen lassen.
Für die Garnierung die gewaschene Orange in dünne Scheiben schneiden und den Salat damit garnieren.
Vorbereitung: 20 Minuten.
Zubereitung: Ohne Kühlzeit 15 Minuten.

Weißkohl-Käse-Salat

1 l Wasser
500 g Weißkohl
2 rote Paprikaschoten
2 rote Peperoni
300 g Emmentaler Käse
1 Zwiebel
Für die Marinade:
1 Eigelb
6 Eßlöffel Öl
2 Eßlöffel Essig
Salz
frisch gemahlener schwarzer Pfeffer
Zucker
1 Teelöffel Senf
1 Bund Schnittlauch

Dieser pikante Salat ist genau richtig für einen gemütlichen Abend mit Freunden. Servieren Sie dazu ein kühles Bier und eiskalten Schnaps.
Wasser in einem Topf zum Kochen bringen.
Vom Kohl die äußeren Blätter entfernen. Kohl vierteln und den Strunk ausschneiden. Kohl unter fließendem Wasser gründlich waschen, hobeln oder in feine Streifen schneiden.
In eine Schüssel geben und mit kochendem Wasser übergießen. 10 Minuten zugedeckt stehen lassen. Dann auf einem Sieb abtropfen und abkühlen lassen.
Paprika putzen, waschen und in feine Streifen schneiden. Peperoni waschen, halbieren. Kerne herausschaben. Peperoni fein würfeln. Emmentaler in ½ cm dicke, 3 cm lange Streifen schneiden. Zwiebel schälen, halbieren und würfeln. Alles in eine Schüssel geben.
Für die Marinade Eigelb und Öl in einer Schüssel verquirlen. Essig, Salz, Pfeffer, Zucker und Senf unterrühren. Schnittlauch unter fließendem Wasser abspülen. Mit Haushaltspapier trockentupfen und fein schneiden. Ebenfalls hineingeben.
Marinade über den Salat gießen, mischen und zugedeckt 60 Minuten im Kühlschrank ziehen lassen.
In einer Glasschüssel anrichten.
Vorbereitung: 15 Minuten.
Zubereitung: Ohne Marinierzeit 15 Minuten.

Rotkohl-Früchte-Salat

250 g Rotkohl
1 kleine Zwiebel
Salz
weißer Pfeffer
1 Orange
1 Apfel
1 Banane
Saft einer halben Zitrone
Saft einer Orange
50 g Sultaninen
1 Eßlöffel Honig
4 Eßlöffel Öl
12 Walnußhälften

Besser noch als der weiße läßt sich der rote Kohl mit süßen und sauren Früchten kombinieren.
Wenn Sie rohen Kohl nicht vertragen, überbrühen Sie die Kohlblätter kurz mit kochendheißem Wasser.
Äußere Blätter vom Rotkohl entfernen. Den Kopf vierteln, Strunk ausschneiden, Kohlstücke abspülen, abtropfen lassen und in sehr feine Streifen schneiden oder fein hobeln. In eine Schüssel geben. Zwiebel schälen, feinhacken, dazugeben. Salzen und pfeffern. Orange schälen, auch die weißen Häutchen entfernen. Orange in Würfel schneiden und entkernen. Apfel schälen, würfeln, Kerngehäuse ausschneiden, Banane schälen. In Scheiben schneiden. Alles zu dem Rotkohl geben. Mit Zitronen- und Orangensaft begießen. Sultaninen in heißem Wasser waschen, trockenreiben. Ebenfalls dazugeben. Honig und Öl über die Zutaten gießen.
Salat gut mischen. Zugedeckt 60 Minuten ziehen lassen. Nochmals abschmecken. In einer Schüssel anrichten. Mit Walnußhälften garniert servieren.
Vorbereitung: 30 Minuten.
Zubereitung: Ohne Marinierzeit 10 Minuten.

Kopfsalat Pyrmonter Art (Rezept Seite 12)

Kopfsalat Pyrmonter Art
(Foto Seite 10)

1 Kopf Salat
¼ Salatgurke
3 Tomaten
1 grüne Paprikaschote
½ Avokado
1 Bund Radieschen
2 Pfirsichhälften
1 frische Ananasscheibe
20 Mandarin-Orangen aus der Dose
100 g frische Erdbeeren
Für die Marinade:
1 Zwiebel
6 Eßlöffel Zitronensaft
3 Eßlöffel Öl
Salz
weißer Pfeffer
1 kräftige Prise Zucker
½ Teelöffel Senf
je ½ Bund Petersilie und Schnittlauch
1 Bund Dill
je 1 Teelöffel gehackter Estragon, Basilikum und Zitronenmelisse

Bad Pyrmont im Weserbergland ist bekannt für seine Solquellen und Moorbäder. Vielleicht haben auf Gesundheit bedachte Pyrmonter den Pyrmonter Salat zuerst kreiert. In jedem Fall ist er allen zu empfehlen, die schlank und gesund bleiben wollen. Denn er kann ein vollständiges Mittagessen sein.
Kopfsalat putzen, zerpflücken. Blätter in kaltem Wasser abspülen und auf einem Sieb abtropfen lassen. In mundgerechte Stücke schneiden. Salatgurke waschen, abtrocknen und mit einem Gurkenhobel oder einem scharfen Messer in dünne Scheiben schneiden. Tomaten häuten, Stengelansätze aus- und die Tomaten in Scheiben schneiden. Salatblätter mit Gurken- und Tomatenscheiben in eine Schüssel geben.
Paprikaschote halbieren, putzen, waschen, abtrocknen. In schmale Streifen schneiden und in die Schüssel geben. Halbierte Avokado schälen und den Samenkern entfernen. Fruchtfleisch in dünne Scheiben schneiden.
Radieschen putzen, waschen, abtrocknen und in dünne Scheiben schneiden. Beides in die Schüssel geben. Pfirsich schälen und halbieren, mit der Ananasscheibe feingewürfelt in den Salat mischen. Abgetropfte Mandarin-Orangen ebenfalls zugeben. Erdbeeren in kaltem Wasser abspülen, abtropfen lassen, putzen und halbiert auf dem Salat verteilen.
Für die Marinade Zwiebel schälen, halbieren und sehr fein gewürfelt in eine kleine Schüssel geben. Zitronensaft und Öl zugießen. Mit Salz, Pfeffer, einer kräftigen Prise Zucker und Senf würzen. Petersilie, Schnittlauch und Dill abspülen, trokkentupfen und feinhacken. Mit Estragon, Basilikum und Zitronenmelisse in die Marinade rühren. Abschmecken und über den Salat gießen. Gut mischen und zugedeckt 10 Minuten durchziehen lassen. In einer großen Salatschüssel anrichten und sofort servieren.
Vorbereitung: 45 Minuten.
Zubereitung: Ohne Marinierzeit 15 Minuten.

Kopfsalat Elisabeth

2 Köpfe Salat
4 Tomaten
1 grüne Paprikaschote
1 kleine Zwiebel
75 g gekochte Pökelzunge
Für die Marinade:
½ Bund Kerbel
¼ l saure Sahne
3 Eßlöffel Estragonessig
Salz
1 Prise Zucker
gemahlener schwarzer Pfeffer

Kopfsalat putzen, zerpflücken. Blätter in kaltem Wasser waschen und in einem Tuch oder in der Salatschleuder trockenschwenken. Tomaten häuten, Stengelansätze ausschneiden. Tomaten entkernen und in Streifen schneiden. Paprikaschote vierteln, entkernen, unter kaltem Wasser abspülen. Mit Haushaltspapier trockentupfen und würfen. Zwiebel schälen und feinhacken. Pökelzunge in Streifen schneiden.
Für die Marinade Kerbel gut waschen, trockentupfen und hacken. In eine Schüssel geben und mit saurer Sahne, Estragonessig, Salz, der Prise Zucker und reichlich gemahlenem Pfeffer vermischen.
Kopfsalat in einer Salatschüssel anrichten. Mit Tomatenstreifen, Paprikawürfeln, gehackter Zwiebel und Pökelzunge bestreuen. Mit der Sahnemarinade begießen. Erst am Tisch vorsichtig mischen.
Vorbereitung: 30 Minuten.
Zubereitung: 10 Minuten.

Kopfsalat in Roquefort-Dressing

1 Kopf Salat
1 Ecke Roquefort-Käse (100 g)
1 Eßlöffel Weinessig
2 Eßlöffel Öl
3 Eßlöffel Sahne
weißer Pfeffer, 1 Prise Zucker
1 Messerspitze Senf
1 Bund Dill

Kopfsalat putzen, in kaltem Wasser abspülen und auf einem Sieb abtropfen lassen. In mundgerechte Stücke zerpflücken und in eine Schüssel geben. Roquefort durch ein Haarsieb in eine Schüssel streichen. Mit Weinessig, Öl und Sahne verrühren. Mit Pfeffer, Zucker und Senf würzen. Dill unter fließend kaltem Wasser abspülen, trockentupfen und feinschneiden. Zugeben. Roquefort-Dressing über den Salat gießen. Sofort servieren, aber erst am Tisch mischen.
Vorbereitung: 15 Minuten.
Zubereitung: 10 Minuten.

Chicorée in blauer Soße

8 Chicorée-Stauden
4 Tomaten
140 g Krabben aus der Dose
½ grüne Peperoni
Salz, Pfeffer
1 Eßlöffel Essig
Für die blaue Soße:
50 g Roquefort oder Gorgonzola
3 Eßlöffel saure Sahne
2 Eßlöffel Mayonnaise
2 Eßlöffel Öl
1 Teelöffel Senfpulver
1 Knoblauchzehe
Salz, Pfeffer
1 Eßlöffel Zitronensaft

Chicorée waschen, putzen. Wurzelende 1 cm breit abschneiden. Bitteren Kern keilförmig ausschneiden. Stauden in Ringe schneiden. Tomaten waschen, Stengelansätze ausschneiden, die Tomaten abziehen, in mundgerechte Stücke teilen. Krabben auf einem Sieb gut abtropfen lassen.
Peperoni waschen, Stengelansatz abschneiden, die Schote halbieren, Kerne entfernen, Peperoni in feine Ringe schneiden. Alle diese Zutaten miteinander mischen. Mit Salz und Pfeffer würzen, Essig darübergießen und nochmals durchmischen.
Für die blaue Soße: Roquefort oder Gorgonzola mit der Gabel zerdrücken. Mit saurer Sahne, Mayonnaise, Öl und Senfpulver glattrühren. Knoblauchzehe mit wenig Salz fein zerdrücken und zugeben. Die Soße mit Zitronensaft, Salz und Pfeffer abschmecken und in den Salat mischen. 10 Minuten durchziehen lassen.
Vorbereitung: 10 Minuten.
Zubereitung: Ohne Marinierzeit 5 Minuten.

Chicorée-Salat nach Gutsherrenart

4 Chicorée-Stauden
1 säuerlicher Apfel
2 Tomaten
1 kleine Zwiebel
2 hartgekochte Eier
Für die Marinade:
⅛ l Sahne
2 Teelöffel mittelscharfer Senf
Salz
1 Prise Zucker
1 Teelöffel Zitronensaft
Zum Garnieren:
1 hartgekochtes Ei
Paprika rosenscharf

Chicorée-Stauden waschen, putzen. Wurzelenden 1 cm breit abschneiden. Bitteren Kern keilförmig ausschneiden. Chicorée nochmals kurz waschen. Gut abtropfen lassen. 8 schöne Blätter zum Garnieren zurückbehalten. Restlichen Chicorée in Scheiben schneiden. Apfel schälen, halbieren, Kerngehäuse ausschneiden, den Apfel in Würfel schneiden.
Tomaten waschen, Stengelansatz ausschneiden, die Tomaten abziehen und in Scheiben schneiden. (Einige Scheiben als Garnierung übriglassen.) Zwiebel schälen und würfeln. Die 2 Eier hacken. Alle diese Salatzutaten vorsichtig mischen. Für die Marinade Sahne mit Senf, Salz und Zucker verrühren, Zitronensaft zugeben. Die Marinade über die Salatzutaten gießen. 30 Minuten kühl stellen und durchziehen lassen. Eventuell nochmals abschmecken.
In einer Schale anrichten. Hartgekochtes Ei vierteln. Salat mit Chicorée-Blättern, Eivierteln und Tomatenscheiben garnieren. Mit Paprika überstäuben und servieren.
Vorbereitung: 30 Minuten.
Zubereitung: Ohne Marinierzeit 10 Minuten.

Salat Aida

2 hartgekochte Eier
1 Kopf Endiviensalat
6 Tomaten
2 grüne Paprikaschoten
1 Dose Artischockenböden
Für die Marinade:
1 Zwiebel
1 Knoblauchzehe
5 Eßlöffel Estragonessig
6 Eßlöffel feines Olivenöl
schwarzer Pfeffer
Salz
1 Prise Zucker
1 Teelöffel milder Senf

Eier unter kaltem Wasser abschrecken, schälen und abkühlen lassen. Endiviensalat putzen und zehn Minuten in kaltes Wasser legen, trockentupfen, Blätter halbieren.
Tomaten waschen, häuten, Stengelansätze entfernen und Tomaten in Scheiben schneiden.
Paprikaschoten längs halbieren, entkernen, abspülen, trokkentupfen und in ½ cm breite und 4 cm lange Streifen schneiden. Artischockenböden abgießen und vierteln.
Für die Marinade Zwiebel und Knoblauchzehe schälen und feinhacken. Mit Essig, Öl, Pfeffer, Salz, Zucker und Senf in einer Schüssel verrühren.
Endiviensalat auf eine tiefe Platte legen. Darauf die Tomatenscheiben, Paprikastreifen und Artischockenböden verteilen. Mit der Marinade übergießen. Mit Haushaltsfolie zugedeckt in den Kühlschrank stellen.
Eier in Scheiben schneiden. Salat damit garniert servieren.
Vorbereitung: 30 Minuten.
Zubereitung: Ohne Marinierzeit 10 Minuten.

Salat Aida

Feldsalat mit Walnüssen

400 g Feldsalat
1 Zwiebel
100 g Walnußkerne
Für die Marinade:
1 Becher Joghurt
Salz
weißer Pfeffer
1 Teelöffel Senf
2 Eßlöffel Öl
1 Prise Zucker

Feldsalat putzen. Blätter in ein Sieb geben. Mit kaltem Wasser waschen. Abtropfen lassen. In ein frisches Küchentuch geben und trockenschwenken. Zwiebel schälen und feinhakken. Walnußkerne grobhacken. (Eine Handvoll Walnußkerne zum Garnieren zurücklassen.) Beides mit dem Salat in einer Schüssel mischen.
Für die Marinade Joghurt mit Salz, Pfeffer, Senf, Öl und Zucker mischen. Würzig abschmecken. Über den Salat gießen und vorsichtig untereinandermischen. 10 Minuten ziehen lassen. In einer anderen Schüssel anrichten. Mit Walnußkernen garniert servieren.
Vorbereitung: 25 Minuten.
Zubereitung: 15 Minuten.

Löwenzahnsalat

200 g Löwenzahnblätter
1 Zwiebel
1 hartgekochtes Ei
Für die Marinade:
6 Eßlöffel Öl
3 Eßlöffel Essig
Salz
weißer Pfeffer
1 Prise Zucker
je ½ Bund Dill und Petersilie

Löwenzahnsalat ist sehr schmackhaft und vitaminreich. In der deutschen Küche ist er nach dem Krieg vielfach in Vergessenheit geraten. Die französische dagegen liebt ihn sehr. Er hat allerdings einen Nachteil: Man kann ihn nur im Frühling – bis etwa Ende Mai – zubereiten, weil man wirklich nur die ganz jungen, zarten Blätter verwenden sollte. Später im Jahr schmeckt der Salat bitter.
Löwenzahnblätter gründlich waschen. Die Stengel ausschneiden. Blätter abtropfen lassen. Zwiebel und Ei schälen. Beides feinhacken. Alles in eine Schüssel geben und locker mischen.
Für die Marinade Öl in eine Schüssel geben. Tropfenweise den Essig einrühren, bis eine sämige Soße entsteht. Mit Salz, Pfeffer und Zucker würzen. Dill und Petersilie waschen und trockentupfen. Dill fein schneiden, Petersilie hacken. Die Marinade über die Salatzutaten gießen. Mit Dill und Petersilie bestreut sofort servieren.
Vorbereitung: 30 Minuten.
Zubereitung: 15 Minuten.

Endiviensalat flämisch

1 Kopf Endiviensalat
400 g Pellkartoffeln
4 Matjesfilets
Für die Marinade:
3 Eßlöffel Zitronenessig
2 Eßlöffel Öl
1 Zwiebel
Pfeffer
1 Prise Zucker
je ¼ Bund Petersilie, Schnittlauch und Dill
2 Eßlöffel saure Sahne

Mögen Sie's herzhaft? Dann probieren Sie doch mal den Endiviensalat auf flämische Art. Sehr zu empfehlen ist er nach einer durchfeierten Nacht.
Endiviensalat putzen, waschen und in Streifen schneiden. Abtropfen lassen.
Geschälte Pellkartoffeln in Würfel schneiden. Matjesfilets ebenso in Würfel schneiden. Mit dem Salat vorsichtig mischen.
Für die Marinade Zitronenessig und Öl verrühren. Zwiebel schälen und reiben. Mit Pfeffer und Zucker in die Marinade rühren. Über den Salat gießen. Etwa 20 Minuten durchziehen lassen. Anrichten.
Petersilie, Schnittlauch und Dill waschen. Sehr fein hacken. Mit der sauren Sahne verrühren. Über den Salat gießen.
Vorbereitung: 20 Minuten.
Zubereitung: Ohne Marinierzeit 10 Minuten.

Wurzelgemüse als Salatzutaten

Möhren-Weißkraut-Salat

250 g Möhren
¼ Weißkohl
4 Eßlöffel Essig
4 Eßlöffel Öl
Salz, Pfeffer
1 Teelöffel Kümmel
1 Prise Zucker
50 g geräucherter durchwachsener Speck
1 Zwiebel (40 g)

Möhren putzen, abspülen und trockentupfen. Auf einer Reibe grob raffeln. Weißkohl putzen, unter kaltem Wasser abspülen, abtropfen lassen und hobeln oder fein schneiden.
In einer großen Salatschüssel Essig, Öl, Salz, Pfeffer, Kümmel und Zucker zu einer Marinade verrühren. Möhren und Kohl hineingeben. Gut mischen. Zugedeckt 30 Minuten im Kühlschrank durchziehen lassen.
Speck würfeln. In einer Pfanne 3 Minuten auslassen, bis die Grieben hellbraun sind. Zwiebel schälen und hacken. Im Speck in 5 Minuten knusprig braun braten. Salat aus dem Kühlschrank nehmen. Mit der heißen Speck-Zwiebel-Mischung übergießen und sofort servieren.
Vorbereitung: 15 Minuten.
Zubereitung: Ohne Marinierzeit 15 Minuten.

Möhren-Rohkost

300 g Möhren
Saft einer Zitrone
3 säuerliche Äpfel
Für die Marinade:
2 Eßlöffel Honig
Saft einer Orange
⅛ l Sahne
1 Messerspitze Ingwerpulver
Außerdem:
50 g Walnußkerne

Möhren-Rohkost ist gut für die Schönheit, denn Möhren enthalten besonders viel Vitamin A, das nicht nur äußerlich, sondern auch von innen her für einen guten Teint sorgt. Zitronen- und Orangensaft haben außerdem einen recht hohen Vitamin-C-Gehalt. Für diejenigen, die auf die schlanke Linie achten müssen, ist Möhren-Rohkost genau richtig. Sie ist sehr kalorienarm.
Möhren putzen und abspülen. Abtropfen lassen und auf einer mittelfeinen Reibe in eine Schüssel raffeln. Sofort mit Zitronensaft mischen, damit die Möhren ihre rote Farbe behalten.
Äpfel schälen, Kerngehäuse ausschneiden, ebenfalls raffeln. Mit den Möhren mischen.
Für die Marinade Honig mit Orangensaft in einer Schüssel glattrühren. Dann die leicht geschlagene Sahne unterziehen. Mit Ingwer würzen. Über den Salat gießen. Zugedeckt im Kühlschrank 15 Minuten durchziehen lassen.
In der Zwischenzeit die Walnußkerne hacken. Salat in eine Glasschüssel füllen. Mit Walnußkernen bestreut servieren.
Vorbereitung: 10 Minuten.
Zubereitung: Ohne Marinierzeit 25 Minuten.

Lyoner Salat

3 Möhren
½ Sellerieknolle
250 g Kartoffeln
Salz
1 Eßlöffel Essig
1 Teelöffel Zucker (65 g)
10 eingelegte grüne gefüllte Oliven
10 Sardellenfilets aus der Dose (50 g)
Für die Marinade:
1 Zwiebel (40 g)
2 Eßlöffel Kapern (20 g)
½ Bund Petersilie
je 2 Stengel frischer Estragon und Kerbel oder je eine Messerspitze getrockneter Estragon und Kerbel
4 Eßlöffel Öl (40 g)
3 Eßlöffel Essig
1 Prise Zucker
Salz
weißer Pfeffer
Zum Garnieren:
6 Sardellenfilets (30 g)
6 eingelegte grüne gefüllte Oliven (30 g)
1 hartgekochtes Ei
2 Stengel Petersilie

Lyoner Salat ist ein ideales Abendessen an heißen Sommertagen. Er paßt aber auch auf ein Kaltes Büfett.
Möhren und Sellerie schälen und abspülen. Kartoffeln unter fließendem Wasser abbürsten. Alles getrennt in drei Töpfen mit gesalzenem Wasser bedeckt 25 Minuten kochen. Dem Selleriewasser Essig und Zucker zufügen. Kartoffeln und Gemüse abgießen. Kartoffeln schälen. Alles 20 Minuten erkalten lassen. Während das Gemüse abkühlt, abgetropfte Oliven in Scheiben, abgetropfte Sardellenfilets in dünne Streifen schneiden.
Für die Marinade Zwiebel schälen und feinhacken. Kapern abtropfen lassen und ebenfalls hacken. Petersilie, Estragon und Kerbel abspülen, trockentupfen. Petersilie hacken, Estragon und Kerbel fein schneiden.
Alles in einer Schüssel mit Öl, Essig und Zucker mischen. Mit Salz und Pfeffer pikant abschmecken.
Kartoffeln, Möhren und Sellerie in 1½ cm große Würfel schneiden. In eine Schüssel geben. Oliven, Sardellenfilets und die Marinade darüber verteilen. Vorsichtig mischen. 30 Minuten zugedeckt im Kühlschrank durchziehen lassen.
Nochmals mischen und eventuell nachwürzen.
In eine Salatschüssel geben. Mit Sardellenfiletröllchen, halbierten Oliven, Eiachteln und Petersiliensträußchen garniert servieren.
Vorbereitung: 15 Minuten.
Zubereitung: Ohne Kühlzeit 50 Minuten.

Neuchâteler Salat

1 Sellerieknolle
1 Rote Bete
Salz
Essig
2 Chicorée-Stauden
Für die Marinade:
50 g Roquefort-Käse
⅛ l Sahne
1 Eßlöffel Zitronensaft
Salz
1 Prise Zucker
weißer Pfeffer
1 Kopf Salat zum Garnieren

Dieser Gemüsesalat kommt aus dem Schweizer Kanton Wallis, obwohl er seinen Namen vom Kanton Neuenburg hat, der auf französisch Neuchâtel heißt.
Sellerieknolle und Rote Bete unter kaltem Wasser abbürsten. Rote Bete in leicht gesalzenem Wasser in 45 Minuten garen. Sellerieknolle schälen und in einem anderen Topf in Essigwasser 45 Minuten kochen. Chicorée-Stauden putzen, das Wurzelende 1 cm breit abschneiden. Bitteren Kern keilförmig ausschneiden. Chicorée-Stauden waschen, gut abtropfen lassen und in 5 mm breite Ringe schneiden. Rote Bete und Sellerieknolle abgießen und ausdämpfen lassen. Aus dem Topf nehmen, abkühlen lassen. Rote Bete schälen. Beides in 5 mm dicke Scheiben, dann in 3 cm lange Streifen schneiden. In eine Schüssel geben und 20 Minuten kühl stellen.
Für die Marinade Roquefort-Käse in einer Schüssel mit der Gabel zerdrücken. Mit Sahne und Zitronensaft glattrühren. Mit Salz, Zucker und Pfeffer würzen. Rote-Bete-, Sellerie-streifen und Chicorée-Ringe in die Marinade geben. Vorsichtig mischen. Kopfsalat zerpflücken. In kaltem Wasser waschen. In einem Küchentuch oder einer Salatschleuder trocknen. Vier Cocktail- oder Salatschalen mit den Blättern auslegen. Salat einfüllen. Sofort servieren.
Vorbereitung: 10 Minuten.
Zubereitung: Ohne Marinierzeit 50 Minuten.

Links: Sellerie-Apfel-Salat pikant (Rezept Seite 20)

Rechts: Rettich-salat (Rezept Seite 20)

Sellerie-Apfel-Salat pikant
(Foto Seite 18)

1 Sellerieknolle
Saft einer Zitrone
3 Äpfel
etwas Zucker
3 Möhren
1 Becher Joghurt
1/8 l Sahne
Salz, Pfeffer
1 Prise Ingwer

Sellerie putzen, 20 Minuten kochen. Abkühlen lassen, in Stifte schneiden, mit Zitronensaft beträufeln. Äpfel waschen. Ungeschält vierteln, entkernen, in Stückchen schneiden, leicht zuckern. Mit dem Sellerie mischen. Möhren putzen, fein raspeln. Ebenfalls untermischen. Joghurt und Sahne schlagen, mit den Gewürzen abschmecken. Über den Salat geben.
Vorbereitung: 25 Minuten.
Zubereitung: 30 Minuten.

Rote-Bete-Salat

750 g Rote Bete
1½ l Wasser
Salz
4 Eßlöffel Öl
2 Eßlöffel Weinessig
1 Teelöffel Senf
Salz
weißer Pfeffer
1 Teelöffel Zucker
2 Äpfel
1 Zwiebel

Wurzeln und Blätter der Roten Bete so abschneiden, daß noch etwa 2 cm an den Knollen bleiben. Unter fließendem Wasser gründlich bürsten. Wasser in einem Topf mit Salz zum Kochen bringen. Rote Bete hineingeben (sie müssen ganz mit Wasser bedeckt sein), aufkochen lassen und in etwa 80 Minuten (je nach Größe der Knollen) garkochen.
Aus dem Wasser nehmen. Mit kaltem Wasser abschrecken. Etwas abkühlen lassen. Schälen. Mit einem Buntmesser in Scheiben schneiden.
In einer Schüssel eine Marinade aus Öl, Essig, Senf, Salz, Pfeffer und Zucker bereiten. Gut verrühren. Äpfel schälen, halbieren, Kerngehäuse entfernen, Äpfel würfeln. Zwiebel schälen. Fein würfeln. Zusammen mit den Roten Beten und Äpfeln in die Marinade geben. Alles miteinander vermischen. Zugedeckt an einem kühlen Ort 12 Stunden ziehen lassen.
Vorbereitung: 20 Minuten.
Zubereitung: Ohne Abkühl- und Marinierzeit 80 bis 100 Minuten.

Rettichsalat
(Foto Seite 19)

2 große weiße Rettiche (400 g)
Salz
1 roter säuerlicher Apfel
1/4 Salatgurke
1/4 l saure Sahne
weißer Pfeffer
1 Teelöffel getrocknete Dillspitzen

Rettiche unter kaltem Wasser gründlich waschen, schälen und in hauchdünne Scheiben schneiden (oder auf dem Gurkenhobel hobeln). In eine Schüssel geben. Reichlich mit Salz bestreuen. Gut mischen und zugedeckt 10 Minuten ziehen lassen.
Apfel waschen, abtrocknen, vierteln, Kerngehäuse entfernen. Viertel in dünne Scheiben schneiden.
Gurke waschen und abtrocknen. Ebenfalls in dünne Scheiben hobeln. Von den Rettichscheiben das Wasser abgießen. Apfel- und Gurkenscheiben zum Rettich geben.
Saure Sahne in einer Schüssel schaumig schlagen und mit Pfeffer würzen. Über die Salatzutaten gießen. Dill darüberstreuen. Alles gut mischen. Eventuell mit Salz nachwürzen. In eine Glasschüssel geben und sofort servieren.
Vorbereitung: 15 Minuten.
Zubereitung: 20 Minuten.

Köstliches aus Fruchtgemüsen

Syrischer Salat

1 Salatgurke
Salz
schwarzer Pfeffer
6 Tomaten
200 g Zwiebeln
2 Knoblauchzehen
1 Bund Petersilie
4 frische Minzeblätter
oder 1 Teelöffel getrocknete Minze
3 Eßlöffel Olivenöl
8 Scheiben Vollkorn-Toastbrot
1 Eßlöffel Butter

Wenn gar nichts mehr schmecken will, weil man sehr müde oder auch abgespannt ist: Beim Syrischen Salat kommt der Appetit garantiert wieder! Der Salat erfrischt und ist leicht bekömmlich.

Gurke waschen, abtrocknen und in ½ cm dicke, 2 bis 3 cm lange Streifen schneiden. Auf ein Küchensieb geben. Salzen und pfeffern, vorsichtig mischen. Sieb auf einen Topf setzen, in den der Saft abtropfen kann.

Tomaten häuten, vierteln, von Stengelansätzen befreien und würfeln. Zwiebeln schälen und feinhacken. Knoblauchzehen schälen und mit Salz zerdrücken.

Petersilie und frische Minzeblätter abspülen, trockentupfen, hacken. Gurkenstreifen in eine Schüssel geben. Tomaten, Zwiebeln, Knoblauch, Petersilie, Minze und Olivenöl locker untermischen. Toastbrot in einer Pfanne auf beiden Seiten in Butter goldgelb rösten und in ½ cm große Würfel schneiden. Mit dem Salat mischen. Sofort servieren.

Vorbereitung: 20 Minuten.
Zubereitung: 5 Minuten.

Gurken-Krabben-Salat

1 Salatgurke
1 Dose Nordsee-Krabben
2 hartgekochte Eier
Für die Marinade:
4 Eßlöffel Zitronenessig
3 Eßlöffel Olivenöl
2 Eßlöffel Sojasoße
1 Prise Pfeffer
1 Prise Zucker
Salz
½ Bund Dill
Für die Garnierung:
1 kleiner Kopf Salat
1 Schote Tomatenpaprika
aus dem Glas

Gurke waschen. Abtrocknen. Ungeschält zweimal längs durchschneiden. Dann quer in dünne Streifen schneiden. Krabben aus der Dose abtropfen lassen. Hartgekochte Eier schälen. Ebenfalls in Streifen schneiden. Alles in eine Schüssel geben und vorsichtig mischen.

Für die Marinade Zitronenessig, Öl und Sojasoße in einer Schüssel verrühren. Mit Pfeffer, Zucker und etwas Salz abschmecken. Dill waschen, trockentupfen und feinhacken. In die Marinade geben. Über den Salat gießen. Mischen. Zugedeckt 10 Minuten im Kühlschrank ziehen lassen.

In der Zwischenzeit den Kopfsalat zerpflücken. Waschen, auf einem Sieb abtropfen lassen. Tomatenpaprika trockentupfen, in dünne Ringe schneiden.

Salatblätter auf einer Glasplatte oder in vier Gläser verteilen. Salat nochmals abschmecken. Auf die Salatblätter verteilen. Mit Paprikaringen garnieren.

Vorbereitung: 15 Minuten.
Zubereitung: Ohne Marinierzeit 15 Minuten.

Gurken-Frucht-Salat

1 große Salatgurke
2 Orangen
150 g blaue Weintrauben
½ Honigmelone
Für die Marinade:
5 Eßlöffel saure Sahne
1 Eßlöffel Zitronensaft
2 Eßlöffel Zucker
Salz
1 Messerspitze Pfeffer
1 Bund Dill

Salatgurke waschen, halbieren und ungeschält in dünne Scheiben schneiden. In eine Schüssel geben.
Orangen mit dem Messer schälen. In Schnitze teilen. Diese quer halbieren.
Weintrauben waschen. Beeren von den Stielen zupfen. Einige zum Garnieren zurücklassen. Die übrigen halbieren und entkernen.
Melonenstück schälen. Kerne herausheben. In dünne Scheiben schneiden. Alle Zutaten mit den Gurkenscheiben in einer Schüssel mischen. 15 Minuten kaltstellen.
Für die Marinade Sahne, Zitronensaft, Zucker, Salz und Pfeffer in einer Tasse verrühren. Dill waschen (ein paar Spitzen zurücklassen) und fein schneiden. Reinmischen. Marinade über den Salat gießen und mischen. In Glasschalen oder Kelchgläser füllen. Mit Weinbeeren und Dillspitzen garnieren.
Vorbereitung: Ohne Marinierzeit 20 Minuten.
Zubereitung: 10 Minuten.

Rechts: Paprikasalat Imperial
(Rezept Seite 24)
Unten: Gurken-Frucht-Salat

Auberginensalat

Auberginensalat

2 Auberginen (etwa 300 g)
125 g Fleischwurst
4 hartgekochte Eier
100 g Mayonnaise
2 Teelöffel Senf
1 Eßlöffel Sahne
1 Teelöffel Zitronensaft
1 Prise Zucker
Salz, weißer Pfeffer
3 Stengel Petersilie

Auberginen waschen und trocknen. Stengelansatz abschneiden. In Scheiben und dann in Streifen schneiden. Leicht salzen. 30 Minuten durchziehen, dann abtropfen lassen. 10 Minuten in wenig Salzwasser kochen. Wieder abtropfen lassen. Gehäutete Fleischwurst in Streifen, die hartgekochten, geschälten Eier in Scheiben schneiden. (Ein paar Eischeiben zum Garnieren zurücklassen.) Mayonnaise mit Senf verrühren. Sahne dazugeben. Ebenso den Zitronensaft. Mit Zucker, Salz und Pfeffer abschmecken. Mit den übrigen Zutaten mischen. In einer Schüssel anrichten. Mit Eischeiben und Petersilie garnieren.
Vorbereitung: 20 Minuten.
Zubereitung: 20 Minuten.

Hülsenfrüchte für deftige Salate

Erbsensalat

1 Tasse Wasser
Salz
1 Packung tiefgekühlte Erbsen (450 g)
250 g frische Champignons
1 Apfel
2 Tomaten
1 Zwiebel
Für die Marinade:
3 Eßlöffel Öl
3 Eßlöffel Essig
Salz, Pfeffer
1 Prise Zucker
1 Bund Petersilie

Wasser mit Salz aufkochen. Tiefgekühlte Erbsen hineingeben. Bei schwacher Hitze 8 Minuten kochen. Abtropfen und abkühlen lassen.
Champignons putzen, waschen und in Scheiben schneiden. Apfel waschen. Ungeschält halbieren. Kerngehäuse ausschneiden. Apfel würfeln. Tomaten abziehen, entkernen und grob würfeln. Geschälte Zwiebel in Ringe schneiden. Alle Zutaten vorsichtig mischen. Für die Marinade Öl und Essig verrühren. Mit Salz, Pfeffer und Zucker würzen. Petersilie waschen. Gut abtropfen lassen (2 Stiele zurücklassen) und feinhacken. In die Marinade geben. Marinade über den Salat gießen und gut mischen. In einer Schüssel anrichten.
Mit der beiseite gelegten Petersilie garnieren.
Vorbereitung: 20 Minuten.
Zubereitung: 10 Minuten.

Erbsensalat

Wachsbohnensalat

400 g Wachsbohnen
Salz
½ l Wasser
1 Apfel
200 g Tomaten
1 Zwiebel
Für die Marinade:
4 Eßlöffel Mayonnaise
½ Becher Joghurt
Saft einer halben Zitrone
weißer Pfeffer
1 Prise Zucker
½ Bund Dill

Bohnen fädeln, waschen und brechen. In einem Topf mit kochendem Salzwasser in 15 Minuten garen. Auf einem Sieb abtropfen und abkühlen lassen. Apfel schälen, vierteln, entkernen und in hauchdünne Scheiben schneiden. Tomaten häuten und in Scheiben schneiden. Dabei die Stengelansätze entfernen. Geschälte Zwiebel fein würfeln. Alles in einer Schüssel mischen.
Für die Marinade die Mayonnaise mit Joghurt, Zitronensaft, Pfeffer, Salz und Zucker schaumig rühren. Über den Salat gießen. Mischen und zugedeckt 30 Minuten ziehen lassen. Nochmals abschmecken. Mit gewaschenem und feingeschnittenem Dill bestreut servieren.
Vorbereitung: 20 Minuten.
Zubereitung: Ohne Marinierzeit 10 Minuten.

Bohnensalat ungarisch
(Foto Seite 31)

250 g weiße Bohnen
Salz
2 rote Paprikaschoten
¼ gehobelter Weißkohl
1 gewürfelte Zwiebel
Für die Marinade:
2 Eßlöffel Weinessig
Salz
rosenscharfer Paprika
Knoblauchsalz
4 Eßlöffel Sonnenblumenöl

Die weißen Bohnen über Nacht in Wasser einweichen. Im gesalzenen Einweichwasser 70 Minuten kochen. Abtropfen lassen. Paprika putzen, entkernen, in feine Streifen schneiden. Mit dem geputzten, gehobelten Weißkohl und der geschälten, gewürfelten Zwiebel mischen. Essig, Salz, Paprika, Knoblauchsalz und Sonnenblumenöl zu einer Marinade rühren. Pikant abschmecken. Mit den noch warmen Bohnen, Paprika, Weißkohl und Zwiebeln gut mischen. Kalt stellen und 2 bis 3 Stunden durchziehen lassen.
Vorbereitung: 90 Minuten.
Zubereitung: Ohne Marinierzeit 10 Minuten.

Bohnensalat weiß
(Foto Seite 31)

300 g weiße Bohnen
Salz
Für die Marinade:
60 g Remouladensoße
3 Eßlöffel Sahne
1 Schuß Tomatenketchup
Salz, Pfeffer
1 Prise Zucker
1 kleines Sträußchen Petersilie
1 Tomate

Manchmal gibt es die weißen Bohnenkerne noch frisch (also nicht getrocknet) zu kaufen. Wenn Sie solche haben, kochen Sie sie im leicht gesalzenen Wasser in 60 Minuten weich. Getrocknete Bohnen über Nacht einweichen und im gesalzenen Einweichwasser in 70 Minuten garkochen. Dann gut abtropfen lassen. Remouladensoße mit Sahne, Tomatenketchup, Salz, Pfeffer und Zucker zur Marinade verrühren. Mit den Bohnen mischen und 2 bis 3 Stunden ziehen lassen. Nochmals abschmecken. Mit Petersilie und Tomatenschnitzen garniert in Gläsern anrichten.
Vorbereitung: 75 Minuten.
Zubereitung: Ohne Marinierzeit 5 Minuten.

Bohnenkernsalat
(Foto Seite 31)

1000 g frische dicke Bohnen
Salz
Für die Marinade:
2 Eßlöffel Essig
Salz
1 Prise Zucker
1 Prise rosenscharfer Paprika
4 Eßlöffel Öl
1 gewürfelte Zwiebel
125 g durchwachsener Speck

In verschiedenen deutschen Landstrichen nennt man die dikken Bohnen – nicht ganz so fein – Acker-, Puff-, Pferde- oder auch Saubohnen. Das kommt daher, daß sie vielerorts als Viehfutter verwendet werden. Schade um die dicken Bohnen. Sie sind ein Genuß, wenn sie noch ganz jung sind. Ausgewachsen schmecken sie nicht mehr. Dann haben sie eine dicke und daher schwer verdauliche Haut.
Bohnen aus der Schale lösen. Kerne im leicht gesalzenen Wasser in etwa 30 Minuten weichkochen. Abtropfen lassen. Marinade aus Essig, Salz, Zucker, Paprika, Öl und Zwiebelwürfeln rühren. Bohnenkerne mindestens eine Stunde (es können auch 3 oder 4 Stunden sein) darin ziehen lassen. Zuletzt den gewürfelten Speck in der Pfanne knusprig rösten. Unter den Bohnenkernsalat mischen.
Vorbereitung: 10 Minuten.
Zubereitung: Ohne Marinierzeit 35 Minuten.

Bohnen-Paprika-Salat
(Foto Seite 31)

750 g grüne Bohnen
Salz
Für die Marinade:
1 gewürfelte Zwiebel
3 Eßlöffel Essig
½ Tasse Fleischbrühe aus Würfeln
3 Eßlöffel Öl
1 Prise Zucker, Salz
etwas frisches Bohnenkraut
1 rote Paprikaschote

Bohnen fädeln, waschen und brechen. In leicht gesalzenem Wasser in 20 Minuten bißfest kochen. Abtropfen lassen. Aus der gewürfelten Zwiebel, Essig, Fleischbrühe, Öl, Zucker und Salz eine Marinade rühren. Mit dem feingehackten Bohnenkraut würzen. Paprikaschote waschen, halbieren, entkernen und würfeln. Mit den Bohnen mischen. 30 Minuten in der Marinade ziehen lassen. Abschmecken.
Vorbereitung: 30 Minuten.
Zubereitung: Ohne Marinierzeit 5 Minuten.

Bohnen-Gurken-Tomaten-Salat
(Foto Seite 31)

250 g grüne Bohnen
Salz
¼ l Wasser
250 g Salatgurke
250 g Tomaten
Für die Marinade:
2 Eßlöffel Essig
Salz, Pfeffer
1 gewürfelte Zwiebel
1 Messerspitze Paprika rosenscharf
1 Prise Knoblauchsalz
4 Eßlöffel Öl
½ Bund Petersilie

Bohnen fädeln, waschen und brechen. In gesalzenem Wasser in 20 Minuten bißfest kochen. Salatgurke gut waschen und ungeschält in Scheiben schneiden. Ebenso die sauber gehäuteten Tomaten.
Aus den übrigen Zutaten eine Marinade mischen. Gurken und Tomaten in 4 Gläser schichten. Bohnen daraufgeben. Marinade über die Gläser verteilen. 30 Minuten ziehen lassen. Mit gewaschener Petersilie garnieren.
Vorbereitung: 20 Minuten.
Zubereitung: Ohne Marinierzeit 20 Minuten.

Bohnensalat dänisch

250 g grüne Bohnen
Salz
1 Eßlöffel Butter
3 Matjesheringsfilets
200 g gekochte Pellkartoffeln
1 Zwiebel
Für die Marinade:
4 Eßlöffel Mayonnaise
½ Becher Joghurt
Saft einer halben Zitrone
Pfeffer
1 Prise Zucker
½ Bund Petersilie

Bohnen fädeln, waschen und brechen. In kochendes Wasser geben. Salz und Butter zufügen. 15 Minuten kochen. Auf einem Sieb abkühlen lassen. Heringsfilets und Pellkartoffeln in gleichmäßige Streifen schneiden. Geschälte Zwiebel fein würfeln. Alles mischen.
Für die Marinade die Mayonnaise mit Joghurt, Zitronensaft, Pfeffer, Salz und Zucker verrühren. Über den Salat gießen. 60 Minuten ziehen lassen. Nochmals abschmecken. Mit gewaschener, gehackter Petersilie bestreuen.
Vorbereitung: 20 Minuten.
Zubereitung: Ohne Marinierzeit 15 Minuten.

Linsensalat

250 g Linsen
¾ l Wasser
Salz
1 Zwiebel
½ Lorbeerblatt
4 Nelken
Für die Marinade:
6 Eßlöffel Weinessig
1 Eßlöffel Kräutersenf
Salz
weißer Pfeffer
1 Prise Zucker
Außerdem:
2 Zwiebeln
2 Möhren
250 g Tomaten
6 Eßlöffel Öl
100 g fetter Speck

Linsen in einem Sieb waschen und in einem Topf mit dem Wasser quellen lassen. Am nächsten Tag im gesalzenen Einweichwasser aufsetzen. Linsen zugedeckt etwa 40 Minuten kochen. Sie dürfen nicht zu weich werden. Zwiebel schälen. Mit Lorbeerblatt und Nelken spicken. Zu den Linsen geben.
Für die Marinade Essig, Senf, Salz, Pfeffer und Zucker mischen. Linsen abgießen. Zwiebel herausnehmen. Linsen in eine Schüssel geben. Marinade über die noch warmen Linsen gießen. Zugedeckt 20 Minuten durchziehen lassen. Zwiebeln schälen und in dünne Ringe schneiden. Möhren schälen, waschen und reiben. Tomaten häuten, Stengelansätze entfernen, Tomaten achteln und in 1 cm große Stücke schneiden. Mit Zwiebeln, Möhren und Öl unter die Linsen mischen.
Speck fein würfeln. In einer Pfanne auslassen, bis die Speckwürfel ganz knusprig sind. Auf die Linsen geben und diese sofort servieren.
Vorbereitung: Ohne Einweichzeit 10 Minuten.
Zubereitung: Ohne Marinierzeit 50 Minuten.

Verschiedene Bohnensalate
(Rezepte Seite 28/29)

Salate mit Kartoffeln, Nudeln, Reis

Ostpreußischer Kartoffelsalat

1000 g Salatkartoffeln
Salz
1 Zwiebel
½ Bund Petersilie
1 Bund Schnittlauch
½ Bund Dill
½ Kästchen Kresse
¼ l saure Sahne
3 Eßlöffel Kräuteressig
1 Prise Zucker
1 Teelöffel Senf
Für die Garnierung:
½ Kästchen Kresse

Kartoffeln unter fließendem Wasser abbürsten. In einem Topf mit Salzwasser bedeckt 30 Minuten kochen. Abgießen, abschrecken, abziehen und abkühlen lassen.
In der Zwischenzeit Zwiebel schälen und feinhacken. Petersilie, Schnittlauch, Dill und Kresse waschen. Trockentupfen. Petersilie hacken, Schnittlauch und Dill fein schneiden. Kresse mit einem scharfen Messer abschneiden.
Saure Sahne mit Essig, Salz, Zucker, Senf und Kräutern verrühren. Kartoffeln in ½ cm dicke Scheiben schneiden. In eine Schüssel geben. Mit der Sahnemarinade übergießen. Vorsichtig mischen. Zugedeckt im Kühlschrank 60 Minuten durchziehen lassen. In einer anderen Schüssel anrichten. Kresse unter fließendem Wasser abspülen, abtropfen lassen. Mit der Küchenschere kleine Sträußchen abschneiden. Salat damit garnieren.
Vorbereitung: 40 Minuten.
Zubereitung: Ohne Marinierzeit 25 Minuten.

Warmer Kartoffelsalat mit Speck

1000 g Salatkartoffeln
6 Eßlöffel Weinessig
⅛ l heiße Fleischbrühe
1 Zwiebel
125 g durchwachsener Speck
2 Eßlöffel Öl
Salz
schwarzer Pfeffer
1 Prise Zucker
je ½ Bund Petersilie,
Dill und Schnittlauch

Kartoffeln abbürsten, in einem Topf mit Wasser bedeckt vom Kochen an in 30 Minuten garen. Abgießen, unter kaltem Wasser abschrecken und abziehen. Noch warm in Scheiben schneiden. In eine Schüssel geben und im heißen Wasserbad warm stellen. Mit Essig und Fleischbrühe begießen.
Zwiebel schälen und fein hacken. Über die Kartoffeln streuen.
Speck würfeln. Öl in einer Pfanne erhitzen. Speck darin goldgelb braten. Mit Salz, Pfeffer und Zucker würzen. Die heiße Specksoße über die Kartoffeln geben. Vorsichtig mischen. Den Salat dann im heißen Wasserbad 20 Minuten durchziehen lassen.
Inzwischen Petersilie, Dill und Schnittlauch unter kaltem Wasser waschen, trockentupfen und hacken. Vor dem Servieren über den Salat streuen.
Vorbereitung: 60 Minuten.
Zubereitung: Ohne Marinierzeit 20 Minuten.

Parmentier-Salat

4 Eier
750 g Kartoffeln
3 Eßlöffel Kräuteressig
6 Eßlöffel warme Fleischbrühe
Salz
schwarzer Pfeffer
2 Zwiebeln
125 g Mayonnaise
⅛ l Sahne
2 Eßlöffel Kräuteressig
1 Bund Kerbel

Ein sehr wohlschmeckender Kartoffelsalat, der seinen Namen dem Ende des 18. Jahrhunderts amtierenden französischen Landwirtschaftsminister Antoine-Auguste Parmentier verdankt. Das Steckenpferd dieses Franzosen: Die Kartoffelzucht. Klar, daß man zum Parmentier-Salat auch Kartoffeln braucht.

Eier in einen Topf mit kochendem Wasser geben. In 10 Minuten hartkochen, abschrecken, schälen und auskühlen lassen.

Kartoffeln waschen. In einem Topf mit kaltem Wasser aufstellen. Vom Kochen an in 30 Minuten garen. Unter kaltem Wasser abschrecken, abziehen und noch warm in Würfel schneiden. In eine Schüssel geben.

Kräuteressig mit Fleischbrühe, Salz und Pfeffer mischen. Über die Kartoffeln gießen. 3 Eier hacken. Zwiebeln schälen und fein würfeln. Über die Kartoffeln streuen.

Mayonnaise und Sahne in einer Schüssel verrühren. Mit Salz, Pfeffer und Kräuteressig abschmecken. Kerbel abbrausen. Trockentupfen. Einige Blättchen zum Garnieren aufheben, die übrigen hacken und in die Mayonnaise rühren. Die noch warmen Kartoffeln vorsichtig unterheben. 30 Minuten ziehen lassen. Das letzte Ei in Scheiben teilen. Den Salat in einer Schüssel anrichten. Mit Eischeiben und Kerbelsträußchen garniert servieren.

Vorbereitung: 40 Minuten.
Zubereitung: Ohne Marinierzeit 30 Minuten.

Sahne-Kartoffelsalat

1000 g Salatkartoffeln
Salz
1 Teelöffel Kümmel
1 Zwiebel
2 Essiggurken
½ Bund Dill
4 Eßlöffel Weinessig
schwarzer Pfeffer
1 Teelöffel Zucker
Salz
4 Eßlöffel Gurkenessig
⅛ l Sahne
Für die Garnierung:
125 g Schinkenspeck
½ Bund Petersilie

Kartoffeln unter fließendem Wasser abbürsten. In einen Topf mit gesalzenem Wasser geben. Kümmel darüberstreuen. 30 Minuten kochen lassen. Abgießen, kalt abschrecken, abziehen, abkühlen lassen. Die Kartoffeln in Scheiben schneiden. Zwiebel schälen und ebenso wie die abgetropften Gurken fein würfeln. Dill abspülen, trockentupfen und feinhacken. Zu den Kartoffeln geben. Essig, Pfeffer, Zucker, Salz und Gurkenessig in einer kleinen Schüssel vermischen. Zuletzt die Sahne zugeben. Über den Salat gießen und gut mischen. Zugedeckt 60 Minuten ziehen lassen. Abschmecken, anrichten und mit Schinkenröllchen und zerpflückter Petersilie garnieren.

Vorbereitung: Ohne Abkühlzeit 15 Minuten.
Zubereitung: Ohne Marinierzeit 55 Minuten.

Indianischer Salat

500 g Pellkartoffeln
300 g Tomaten
200 g frische Ananas in kleinen Stücken
2 Bananen
Saft von 2 Zitronen
Für die Marinade:
3 Teelöffel Senf
Saft einer halben Zitrone
2 Becher (200 g) saure Sahne
Salz
weißer Pfeffer
Paprika rosenscharf
1 Prise Zucker
Für die Garnierung:
½ Kopf Salat
1 kleine Dose Maiskörner
2 Eßlöffel Weinessig
3 Eßlöffel Öl
Salz, weißer Pfeffer

Dieser Salat soll erstmalig von Indianern zubereitet worden sein. Sicher ist das allerdings nicht. Aber wir können Ihnen die Garantie geben, daß er ausgezeichnet schmeckt.
Pellkartoffeln schälen. In etwa 1 cm dicke Würfel schneiden. Tomaten mit kochendheißem Wasser übergießen. Häuten und die Stengelansätze ausschneiden. Ebenfalls würfeln. Ananas abtropfen lassen, geschälte Bananen in Scheiben schneiden. Alles in einer Schüssel locker mischen. Zitronensaft darübergießen.
Für die Marinade Senf mit Zitronensaft und saurer Sahne in einer Schüssel verrühren. Mit Salz, Pfeffer, Paprika und Zukker pikant würzen. Über den Salat gießen.
Für die Garnierung Salat zerpflücken. Blätter unter kaltem Wasser abspülen. Trockentupfen. Auf einer Platte verteilen. Gemischten Salat kranzförmig am Rand verteilen. Maiskörner auf einem Sieb abtropfen lassen. Essig, Öl, Salz und Pfeffer in einer Schüssel verrühren. Maiskörner untermischen. In der Mitte der Platte anrichten. Salat für 15 Minuten zugedeckt in den Kühlschrank stellen und kalt servieren.
Vorbereitung: 25 Minuten.
Zubereitung: Ohne Kühlzeit 25 Minuten.

Indianischer Salat

Dänischer Nudelsalat

375 g Hörnchennudeln
Salz
200 g ausgepalte Erbsen
3 Karotten
1 kleine Dose Spargelstücke
250 g Fleischwurst
Für die Marinade:
100 g Mayonnaise
3 Eßlöffel saure Sahne
weißer Pfeffer
Salz
1 Prise Zucker
1 Eßlöffel Kräuteressig
1 Bund Petersilie
1 Bund Dill
Salatblätter zum Garnieren

Der Dänische Nudelsalat ist eine deftige Angelegenheit. Er kann als komplettes Abendbrot gegessen werden und wird als Imbiß bei einer Party großen Anklang finden. Sehr beliebt ist dieser Salat auch bei Kindern – weil er so schön bunt ist.

Nudeln in leicht gesalzenem Wasser bißfest kochen. Abschrecken, abtropfen lassen. Erbsen und geschälte, in Stücke geschnittene Karotten in wenig gesalzenem Wasser garen, abtropfen und auskühlen lassen. Spargelstücke abtropfen lassen. Fleischwurst häuten und in 1 cm große Würfel schneiden. Alles miteinander mischen.

Für die Marinade die Mayonnaise mit der sauren Sahne verrühren. Mit Pfeffer, Salz und Zucker würzen. Mit Kräuteressig abschmecken. Petersilie waschen, hacken. Dill waschen und einen Zweig zum Garnieren abnehmen, den Rest fein schneiden. Mit Petersilie zusammen unter die Marinade mischen. Marinade über den Salat gießen, mischen, im Kühlschrank ziehen lassen. Kurz vor dem Anrichten nochmals abschmekken. Salatblätter waschen, abtropfen lassen, Salatschüssel mit ihnen auslegen. Salat hineingeben. Mit Dill garnieren.

Vorbereitung: 50 Minuten.
Zubereitung: 10 Minuten.

Dänischer Nudelsalat

Makkaronisalat Mailänder Art

2¼ l Wasser
Salz
150 g Makkaroni
100 g tiefgekühlte Erbsen
1 Zwiebel
1 Paprikaschote
100 g gekochte Zunge
100 g Salami
1 Gewürzgurke
5 Scheiben Emmentaler Käse
Für die Marinade:
100 g Mayonnaise
4 Eßlöffel Milch
1 Eßlöffel Zitronensaft
Salz
weißer Pfeffer
Cayennepfeffer
2 hartgekochte Eier
½ Bund Petersilie
3 Tomaten

2 l Wasser mit Salz in einem Topf aufkochen. Makkaroni in 3 cm lange Stücke brechen und hineingeben. 15 Minuten ohne Deckel schwach kochen lassen.
In der Zwischenzeit restliches Wasser mit etwas Salz in einem Topf aufkochen. Erbsen unaufgetaut hineingeben und 8 Minuten kochen. Auf einem Sieb abtropfen und auskühlen lassen. Makkaroni auf ein Sieb gießen, mit kaltem Wasser abschrecken. Abtropfen lassen.
Zwiebel schälen und feinhacken. Paprikaschote vierteln, entkernen und waschen. In knapp ½ cm breite und 3 cm lange Streifen schneiden. Zunge, Salami, Gewürzgurke und Käse ebenfalls in Streifen schneiden. Alles in eine Schüssel geben.
Für die Marinade Mayonnaise mit Milch, Zitronensaft, Salz, Pfeffer und Cayennepfeffer in einer Schüssel verrühren. Über den Salat gießen und locker mischen. Den Salat für 60 Minuten zugedeckt in den Kühlschrank stellen.
Vor dem Servieren Eier schälen und achteln. Petersilie waschen, trockentupfen und feinhacken. Tomaten häuten, Stengelansätze ausschneiden und Tomaten achteln. Salat mit einem Kranz aus Ei- und Tomatenachteln garnieren.
Mit Petersilie bestreuen.
Vorbereitung: 20 Minuten.
Zubereitung: Ohne Kühlzeit 20 Minuten.

Nudelschüssel kalt

2 l Wasser
Salz
250 g Bandnudeln
je 150 g Schweins- und Rindsbraten (fertig gebraten und kalt)
1 Salatgurke
1 Bund Radieschen
200 g Tomaten
Für die Marinade:
4 Eßlöffel Öl
2 Eßlöffel Essig
1 kleine Zwiebel
Salz
weißer Pfeffer
1 Messerspitze Paprika edelsüß
2 Spritzer Tabascosoße
1 Bund Petersilie zum Garnieren

Wasser mit Salz in einem Topf zum Kochen bringen. Nudeln hineingeben. 20 Minuten bei mittlerer Hitze kochen lassen.
Schweins- und Rindsbraten in 2 mm dicke Scheiben, dann in 3 cm lange und ½ cm breite Streifen schneiden. Salatgurke schälen und in dünne Scheiben schneiden. Radieschen putzen, waschen und achteln. Tomaten mit kochendem Wasser überbrühen, häuten, achteln, Stengelansätze ausschneiden. Tomaten entkernen. Für die Marinade Öl mit Essig in einer Schüssel verrühren. Zwiebel schälen, feinhacken. In die Marinade geben. Mit Salz, Pfeffer, Paprika und Tabascosoße würzen.
Nudeln auf einem Sieb mit kaltem Wasser abschrecken. Abtropfen und abkühlen lassen. Mit Fleisch, Gurke, Radieschen und Tomaten in die Marinade geben und mischen. Salat zugedeckt 15 Minuten kühl stellen.
Salat in einer anderen Schüssel anrichten. Mit gewaschener, trockengetupfter Petersilie garniert servieren.
Vorbereitung: 25 Minuten.
Zubereitung: Ohne Kühl- und Marinierzeit 20 Minuten.

Mandarinen-Reis-Salat

100 g Langkornreis
Salz
3/4 l Wasser
2 Gewürzgurken
1 Dose Mandarin-Orangen
150 g magerer gekochter Schinken
4 Eßlöffel Mandarin-Orangensaft
2 Tropfen Tabascosoße
je 1 Messerspitze Paprika rosenscharf,
Curry und Zucker

Reis waschen, abtropfen lassen. Leicht gesalzenes Wasser in einem Topf zum Kochen bringen. Reis hineinstreuen. Bei schwacher Hitze in 20 Minuten ausquellen lassen.
In der Zwischenzeit Gewürzgurken schälen und in ½ cm große Würfel schneiden. Mandarin-Orangen auf einem Sieb abtropfen lassen, halbieren. Schinken in ½ cm große Würfel schneiden. Reis auf einem Sieb mit kaltem Wasser abschrecken. Abkühlen lassen. In einer Schüssel Gurkenwürfel, Mandarin-Orangen und Schinkenwürfel mischen. Mit Orangensaft, Tabascosoße, Paprika, Curry, Salz und Zucker würzen. Reis zugeben und gut mischen. Zugedeckt im Kühlschrank 20 Minuten durchziehen lassen.
Vorbereitung: 20 Minuten.
Zubereitung: Ohnc Marinicrzcit 5 Minuten.

Indonesischer Reissalat mit Orangen
(Foto Seite 50)

100 g körnig gekochter Reis
250 g gekochtes Hühnerfleisch
Für die Marinade:
2 Eßlöffel Mayonnaise
1 Eßlöffel saure Sahne
1 Eßlöffel trockener Sherry (Fino)
½ Teelöffel Currypulver
1 Messerspitze Ingwerpulver
Salz
Pfeffer aus der Mühle
3 Orangen

Den kalten Reis in eine Schüssel geben. Das Hühnerfleisch in dünne Scheiben schneiden und über dem Reis verteilen. Die Mayonnaise mit der Sahne verrühren, mit Sherry, Currypulver, Ingwerpulver, Salz und Pfeffer abschmecken. Die Marinade über den Reis gießen und alles gut vermischen. 1 Stunde durchziehen lassen. Die Orangen schälen, die weiße Haut abziehen, die einzelnen Orangenschnitze häuten, die von 2 Orangen halbieren und unter den Salat mischen. Die restlichen Orangenschnitze als Dekoration darauflegen.
Vorbereitung: 10 Minuten.
Zubereitung: Ohne Marinierzeit 5 Minuten.

Monte-Carlo-Salat
(Foto Seite 6)

3 Eßlöffel Langkornreis
Salz
¼ l Wasser
1 Apfel
250 g frische Ananas (in Stücken)
150 g Krebsfleisch aus der Dose
20 g Butter
50 g blättrige Mandeln
Für die Marinade:
2 Eßlöffel Mayonnaise
1 Teelöffel Zitronensaft
weißer Pfeffer
Salz, Zucker
Paprika edelsüß
Für die Garnierung:
8 Salatblätter
4 Dillspitzen

Reis in kochendem, gesalzenem Wasser in 15 Minuten bißfest kochen. Mit kaltem Wasser abschrecken. Auf einem Sieb abtropfen lassen.
Inzwischen Apfel schälen, halbieren. Kerngehäuse ausschneiden und das Fruchtfleisch würfeln. Ananasscheiben abtropfen lassen und in 1 cm große Stücke teilen. Krebsfleisch abtropfen lassen. Chitinstreifen entfernen und das Krebsfleisch leicht zerpflücken. Butter in einer Pfanne erhitzen. Mandeln darin 3 Minuten rösten. Herausnehmen. Abkühlen lassen und mit den anderen Zutaten in einer Schüssel mischen.
Für die Marinade Mayonnaise mit Zitronensaft verrühren. Mit Pfeffer, Salz, Zucker und Paprika abschmecken. Über den Salat gießen. Mischen. 10 Minuten zugedeckt im Kühlschrank ziehen lassen. Salatblätter putzen, waschen und trockentupfen. Salatschüssel oder vier Gläser damit auslegen. Salat hineingeben. Mit gewaschenen und trockengetupften Dillspitzen garnieren.
Vorbereitung: 20 Minuten.
Zubereitung: Ohne Marinierzeit 5 Minuten.

Reissalat mit Früchten

½ l Wasser
Salz
100 g Langkornreis
250 g gebratenes Hähnchenfleisch
1 Apfel, 1 Orange, 1 Banane
½ Fenchelknolle
1 rote Paprikaschote
1 Peperoni, in Essig eingelegt
1 Ingwerpflaume aus dem Glas
1 Zwiebel
2 Eßlöffel Öl
2 gehäufte Teelöffel Currypulver
Für die Marinade:
Saft einer Zitrone
4 Eßlöffel Tomatenketchup
1 bis 2 Teelöffel Anisschnaps
4 Eßlöffel Mayonnaise
2 Eßlöffel saure Sahne
Zum Garnieren:
50 g blättrige Mandeln
1 Orange
8 Maraschinokirschen aus dem Glas

Wasser in einem Topf aufkochen. Salzen. Den gründlich gewaschenen Reis hineingeben und umrühren. 20 Minuten quellen lassen. Auf ein Sieb gießen, mit kaltem Wasser abschrekken und abtropfen lassen.
Hähnchenfleisch häuten und würfeln. Apfel, Orange und Banane schälen. Apfel und Orange vierteln, entkernen. Fenchelknolle putzen, waschen und abtropfen lassen. Paprikaschote halbieren, entkernen, abspülen und abtropfen lassen. Alles in 1 cm große Würfel schneiden. Peperoni aufschneiden, entkernen und zusammen mit der Ingwerpflaume hacken.
Zwiebel schälen und feinhacken. Öl in einer Pfanne erhitzen, Zwiebel hineingeben und in 5 Minuten glasig braten. Vom Herd nehmen. Currypulver und Reis unterrühren und in eine Schüssel geben. Für die Marinade Zitronensaft, Ketchup, Anisschnaps, Mayonnaise und saure Sahne verrühren.
Fleisch, Früchte, Gemüse und Marinade in einer Schüssel mischen. 60 Minuten ziehen lassen. Eventuell nachwürzen.
Mandeln in einer Pfanne 5 Minuten rösten. Orange heiß abspülen, trocknen und in Scheiben schneiden. Kirschen abtropfen lassen.
Reissalat in einer Schüssel anrichten. Mit Mandeln, Orangenscheiben und Kirschen garniert servieren.
Vorbereitung: 35 Minuten.
Zubereitung: Ohne Ruhezeit 25 Minuten.

Rechts: Reissalat mit Früchten
Unten: Reiskuppel Havanna (Rezept Seite 40)

Reiskuppel Havanna
(Foto Seite 38)

1 l Wasser
Salz
250 g Langkornreis
3 feste Tomaten
2 Bananen
Saft einer Zitrone
1 Dose Mandarin-Orangen
250 g Maiskörner aus der Dose
100 g Langustenschwänze aus dem Glas oder der Dose
Für die Marinade:
1 Becher Joghurt
2 Eßlöffel Mayonnaise
1 Eßlöffel Mandarinensaft
Salz
weißer Pfeffer
1 Prise Zucker
Zum Garnieren:
½ Teelöffel getrocknete Minze

Aus Kuba stammt dieses Gericht, das den Namen der Insel-Hauptstadt trägt. Typische Zutaten für viele Gerichte aus der Karibik, Maiskörner und Langustenschwänze, sind auch in der Reiskuppel enthalten.
Wasser mit Salz in einem großen Topf aufkochen. Den Reis in einem Sieb unter kaltem Wasser abspülen. In das kochende Wasser geben und 10 Minuten sprudelnd kochen lassen. Auf ein Sieb gießen und mit kaltem Wasser abschrecken. Abtropfen lassen. Auf eine Platte oder in eine flache Schüssel häufen und abkühlen lassen.
Während der Reis kocht, Tomaten häuten, achteln, Stengelansätze ausschneiden. Bananen schälen, längs halbieren, in 1 cm dicke Stücke schneiden und mit Zitronensaft beträufeln.
Mandarin-Orangen auf einem Sieb abtropfen lassen (einige Stücke zur Garnierung zurücklassen). Mandarinensaft auffangen. Die Maiskörner auf einem Sieb abtropfen lassen. Langustenschwänze ebenfalls abtropfen lassen.
Tomatenachtel, Bananen, Mandarin-Orangen, Maiskörner und die halbierten Langustenschwänze auf den Reis häufen.
Für die Marinade Joghurt und Mayonnaise mit dem Schneebesen in einer Schüssel schaumig rühren. Mandarinensaft unterziehen. Mit Salz, weißem Pfeffer und Zucker pikant abschmecken. Über den Reisberg gießen. Minze zwischen den Händen zerreiben und darüberstreuen. Reiskuppel vor dem Servieren mit Mandarin-Orangen garnieren.
Vorbereitung: 30 Minuten.
Zubereitung: 10 Minuten.

Orientalischer Salat

150 g Langkornreis
⅜ l Wasser
Salz
250 g grüne Bohnen
4 Tomaten
2 rote Paprikaschoten
Für die Marinade:
1 Knoblauchzehe
Salz
1½ Teelöffel scharfer Senf
6 Eßlöffel Olivenöl
2 Eßlöffel Kräuteressig
3 Spritzer Tabascosoße
weißer Pfeffer
Curry
1 Prise Zucker
Zum Garnieren:
8 Sardellenfilets

Reis in einem Sieb unter fließendem Wasser waschen, abtropfen lassen und in einen Topf geben. Mit Wasser begießen, salzen. Dann bei offenem Topf sprudelnd aufkochen. Den Topf schließen. Reis bei geringster Temperatur in 20 Minuten garziehen lassen.
Bohnen abfädeln, waschen und in wenig Salzwasser knackig kochen, auf einem Sieb abtropfen lassen.
In der Zwischenzeit Tomaten häuten, vierteln. Stengelansätze ausschneiden. Kerne entfernen. Fruchtfleisch grob würfeln.
Paprikaschoten halbieren, putzen, waschen. In etwa 1 cm große Würfel schneiden. Reis erkalten lassen. Für die Marinade Knoblauchzehe schälen und mit Salz zerdrücken. In eine Schüssel geben und mit Senf mischen. Öl, Essig, Tabascosoße, Pfeffer, Curry und Zucker dazugeben. Alles miteinander verrühren. Salatzutaten hineingeben, mischen und zugedeckt 30 Minuten im Kühlschrank durchziehen lassen.
Salat bergartig in eine Salatschüssel füllen. Sardellenfilets von der Mitte aus sternförmig auf den Salat legen. Salat sofort servieren.
Vorbereitung: 10 Minuten.
Zubereitung: Ohne Zeit zum Durchziehen 35 Minuten.

Eier- und Käsesalate

Eiersalat Amsterdam

4 hartgekochte Eier
2 Sardellenfilets
1 Gewürzgurke
Für die Marinade:
125 g Mayonnaise
4 Eßlöffel Sahne
1½ Teelöffel Senf, Salz, Pfeffer
1 Prise Zucker
Saft von ¼ Zitrone
Für die Garnierung:
1 hartgekochtes Ei, 1 Tomate
1 Sardellenfilet
50 g marinierter Tomatenpaprika
2 Eßlöffel Kapern
1 kleine Gewürzgurke

Eier schälen und hacken. Sardellenfilets und Gurke würfeln. In einer Schüssel anrichten.
Für die Marinade Mayonnaise mit Sahne und Senf verrühren. Mit Salz, Pfeffer, Zucker und Zitronensaft pikant abschmekken. Über den Salat gießen. Für die Garnierung geschältes Ei und Tomate in Scheiben schneiden. Abwechselnd auf den Salat legen. Sardellenfilet und abgetropften Tomatenpaprika in Streifen schneiden. Mit den Kapern über den Salat streuen. Gewürzgurke feinhacken. Kleine Häufchen auf die Tomatenscheiben setzen.
Vorbereitung: 10 Minuten.
Zubereitung: 20 Minuten.

Greyerzer Gurkensalat

150 g Greyerzer Käse
1 Dose Krabben (70 g)
1 kleine Salatgurke
Für die Marinade:
4 Eßlöffel Mayonnaise
2 Eßlöffel Joghurt
2 Teelöffel Tomatenketchup
Salz, weißer Pfeffer
1 Prise Zucker
1 Teelöffel Zitronensaft
1 Sträußchen Dill

Käse in Streifen schneiden. Krabben abtropfen lassen. In eine Schüssel geben. Salatgurke schälen und in dünne Scheiben schneiden. Zusammen mit den Käsestreifen unter die Krabben mischen.
Für die Marinade die Mayonnaise mit Joghurt und Tomatenketchup verrühren. Mit Salz, Pfeffer, Zucker und Zitronensaft abschmecken. Dill waschen, trockentupfen, hacken und unterheben. 20 Minuten ziehen lassen, nochmals abschmekken und dann erst servieren.
Vorbereitung: 15 Minuten.
Zubereitung: Ohne Marinierzeit 10 Minuten.

Pfirsich-Käse-Salat

750 g reife Pfirsiche
Für die Marinade:
50 g Roquefort-Käse
50 g Mayonnaise
4 Eßlöffel Sahne
1 Eßlöffel Zitronensaft
Salz
weißer Pfeffer
1 Prise Zucker
Zum Garnieren:
50 g Walnußkerne

Pfirsiche mit kochendheißem Wasser übergießen und häuten. Früchte halbieren, entsteinen und in dünne Spalten schneiden. Zugedeckt kühl stellen.
Für die Marinade Roquefort-Käse in einer Schüssel mit einer Gabel zerdrücken. Mit Mayonnaise und Sahne verrühren. Mit Zitronensaft, Salz, Pfeffer und Zucker pikant abschmecken. Pfirsiche untermischen. Einige Spalten zum Garnieren zurückbehalten.
Salat zugedeckt im Kühlschrank 30 Minuten durchziehen lassen. In einer Glasschale oder 4 Gläsern anrichten. Mit grob gehackten Walnußkernen und Pfirsichspalten garnieren.
Vorbereitung: 20 Minuten.
Zubereitung: Ohne Marinierzeit 5 Minuten.

Eiersalat dänisch

200 g ausgepalte Erbsen
70 g Krabben aus der Dose
6 hartgekochte Eier
100 g Räucherlachs
Für die Marinade:
50 g Mayonnaise
⅛ l saure Sahne
Salz, Pfeffer, 1 Prise Zucker
Zitronensaft, Petersilie
Für die Garnierung:
1 Tomate, Petersilie

Erbsen in wenig Salzwasser kochen. Abkühlen und abtropfen lassen. Krabben abtropfen lassen. Eier schälen. In Scheiben, Räucherlachs in Streifen schneiden. Alle Zutaten mischen.
Für die Marinade Mayonnaise und saure Sahne verrühren. Schlagen, bis die Masse locker und leicht schaumig ist. Mit Salz, Pfeffer, Zucker und Zitronensaft abschmecken. Gewaschene, abgetropfte Petersilie hacken. In die Soße geben. Über die Salatzutaten verteilen. Locker unterheben. Etwa 10 bis 15 Minuten im Kühlschrank durchziehen lassen. Tomate häuten. In Sechstel oder Achtel schneiden. Salat damit und mit wenig Petersilie garnieren.
Vorbereitung: 15 Minuten.
Zubereitung: Ohne Marinierzeit 10 Minuten.

Byzantinischer Salat

3 Äpfel
1 Grapefruit, 1 Apfelsine
150 g Schweizer Käse
100 g Schinken
1 kleines Glas Tomatenpaprika
Für die Marinade:
100 g Mayonnaise
3 Eßlöffel saure Sahne
Salz, weißer Pfeffer
Saft einer halben Zitrone
1 Prise Zucker
1 Bund Schnittlauch

Äpfel schälen. Kerngehäuse ausschneiden. Grapefruit und Apfelsine ebenfalls schälen. Die Kerne entfernen. Obst sowie Käse, Schinken und den abgetropften Tomatenpaprika in kleine Würfel schneiden. Miteinander mischen.
Für die Marinade Mayonnaise mit saurer Sahne verrühren. Mit Salz, Pfeffer, Zitronensaft und Zucker kräftig würzen. Über den Salat gießen. 15 Minuten im Kühlschrank durchziehen lassen. Schnittlauch waschen. In Röllchen schneiden. Vor dem Servieren über den Salat streuen.
Vorbereitung: 30 Minuten.
Zubereitung: 10 Minuten.

Links: Eiersalat dänisch
Unten: Byzantinischer Salat

Salate mit Fleisch und Wurst

Rindfleisch-Salat

300 g gebratenes kaltes Roastbeef
1 grüne Paprikaschote
1 kleine Dose Maiskörner
2 Gewürzgurken
2 Zwiebeln
Für die Marinade:
4 Eßlöffel Öl
3 Eßlöffel Estragonessig
Salz
Für die Garnierung:
1 hartgekochtes Ei
2 Stengel Petersilie

Für den Salat Roastbeef in 1½ cm große Würfel schneiden. In eine Schüssel geben. Paprikaschote halbieren, putzen, waschen, abtropfen lassen und in ½ cm breite Streifen schneiden. Maiskörner auf einem Sieb abtropfen lassen. Abgetropfte Gewürzgurken würfeln. Zwiebeln schälen und hacken. Das Gemüse zum Fleisch geben und locker mischen.
Für die Marinade Öl mit Essig verrühren. Salzen. Über den Salat gießen und mit zwei Gabeln unterheben.
Zugedeckt 120 Minuten im Kühlschrank durchziehen lassen. Danach nochmals mischen. Abschmecken.
In einer Glasschüssel oder auf einer Platte anrichten. Ei schälen und achteln oder in Scheiben schneiden. Petersilie unter kaltem Wasser abspülen, trockentupfen und in Sträußchen teilen. Salat damit garniert servieren.
Vorbereitung: 25 Minuten.
Zubereitung: Ohne Marinierzeit 10 Minuten.

Salat Sanssouci

1 bratfertiger Fasan von 800 g
Salz
40 g Butter
15 Artischockenböden aus der Dose
Für die Marinade:
50 g Mayonnaise
5 Eßlöffel Crème fraîche
2 Eßlöffel Johannisbeergelee
1 Prise Salz
Für die Garnierung:
¼ Honigmelone

Dieser exklusive Salat trägt den Namen des herrlichen Rokokoschlosses Sanssouci bei Potsdam, das Lieblingsaufenthalt und Sterbeort Friedrichs des Großen war. Möglich, daß der Salat Sanssouci erstmals hier zubereitet wurde. Übrigens kommt Sanssouci aus dem Französischen, und »sans souci« heißt übersetzt »ohne Sorge«.
Fasan unter kaltem Wasser abspülen. Innen und außen mit Haushaltspapier abtrocknen. Mit einem scharfen Messer Brust und Keulen auslösen. Mit Salz einreiben. (Restliches Fasanenfleisch für eine Suppe verwenden.)
Butter in einer Pfanne erhitzen. Fasanenbrust und -keulen darin auf jeder Seite 4 Minuten anbraten. Nach 4 Minuten Deckel auflegen und die Stücke auf jeder Seite weitere 4 Minuten braten. Zwischendurch mit Butter übergießen. Herausnehmen und auskühlen lassen.
In der Zwischenzeit Artischockenböden auf einem Sieb gut abtropfen lassen und in ½ bis 1 cm große Würfel schneiden. In eine Schüssel geben. Das abgekühlte Fasanenfleisch ebenfalls in ½ bis 1 cm große Würfel schneiden. Dazugeben und mischen.
Für die Marinade Mayonnaise, Crème fraîche und Johannisbeergelee in einer Schüssel verrühren. Mit Salz abschmecken. Den Salat in die Marinade geben. Vorsichtig mischen. In einer Glasschale anrichten.
Melonenstück schälen. Die Kerne herausheben. Mit einem Kartoffelausbohrer kleine Kügelchen aus dem Fruchtfleisch stechen. Salat damit garnieren.
Vorbereitung: 20 Minuten.
Zubereitung: Ohne Abkühlzeit 15 Minuten.

Oxford-Salat

1 gebratenes Hähnchen (750 g)
4 Tomaten
3 Gewürzgurken
150 g frische Champignons
20 g Butter
Salz, Pfeffer
Für die Marinade:
3 Eßlöffel Öl
4 Eßlöffel Estragonessig
Salz
weißer Pfeffer
1 Prise Zucker
3 Zweige Estragon
Für die Garnierung:
1 kleiner Kopf Salat
2 hartgekochte Eier

Dieser Salat bekam seinen Namen von Oxford, der Hauptstadt der südenglischen Grafschaft Oxfordshire. Besonders berühmt wurde die Stadt durch die im Jahre 1163 gegründete Universität Oxford, die heute als die älteste Englands gilt.
Brathähnchen häuten. Fleisch von den Knochen lösen und in etwa 2 cm große Würfel schneiden. In eine Schüssel geben. Tomaten häuten, achteln und die Stengelansätze ausschneiden. Abgetropfte Gewürzgurken in 1 bis 1½ cm große Würfel schneiden, zum Fleisch geben. Die geputzten, gewaschenen Champignons in dünne Scheiben schneiden, in der heißen Butter 8 Minuten braten. Salzen und pfeffern. Zum Fleisch geben.
Für die Marinade Öl und Essig mit Salz, Pfeffer und Zucker in einer Schüssel verrühren. Estragon unter kaltem Wasser abspülen. Mit Haushaltspapier trockentupfen und feinhacken. Mit der Marinade mischen. Marinade über die Salatzutaten gießen. Zugedeckt 20 Minuten im Kühlschrank marinieren.
In der Zwischenzeit für die Garnierung Salat putzen. In kaltem Wasser waschen. Gut abtropfen lassen. Große Blätter etwas zerpflücken. Eine große Platte oder eine Schüssel damit auslegen. Oxford-Salat darauf anrichten. Eier schälen, in Scheiben schneiden und den Salat damit garnieren.
Vorbereitung: 15 Minuten.
Zubereitung: Ohne Marinierzeit 10 Minuten.

Pfifferlingssalat

300 g frische Pfifferlinge
20 g Butter
Salz
200 g gebratenes kaltes Wildfleisch
80 g mittelalter Gouda
1 Zwiebel
Für die Marinade:
3 Eßlöffel Mayonnaise
3 Eßlöffel Crème fraîche
1 Messerspitze Senf
Saft einer halben Zitrone
weißer Pfeffer
1 Prise Zucker
je 1 Spritzer Madeira und Worcestersoße
Für die Garnierung:
½ Kopf Salat
¼ Bund Petersilie
1 hartgekochtes Ei
Saft einer halben Zitrone

Pfifferlinge putzen, waschen, halbieren. In der erhitzten Butter 15 Minuten braten. Salzen. Abkühlen lassen. Wildbraten in ½ cm breite und 2 cm lange Streifen schneiden. Den Gouda ebenfalls. Zwiebel schälen, vierteln und in hauchdünne Streifen schneiden. Alles in eine Schale geben. Für die Marinade Mayonnaise mit Crème fraîche, Senf und Zitronensaft in einer Schüssel verrühren. Mit Salz, Pfeffer, Zucker, Madeira und Worcestersoße pikant abschmecken. Über den Salat gießen. Mischen und zugedeckt 30 Minuten im Kühlschrank marinieren.
In der Zwischenzeit Salat verlesen. Mit der Petersilie unter kaltem Wasser abspülen. Beides in einem Küchentuch trokkenschwenken. Ei schälen und in Scheiben schneiden. Mit den Salatblättern eine Platte oder vier Salatgläser belegen. Mit Zitronensaft beträufeln und den Pfifferlingssalat daraufgeben. Mit zerpflückter Petersilie und Eischeiben garniert servieren.
Vorbereitung: 20 Minuten.
Zubereitung: Ohne Marinierzeit 10 Minuten.

Foto Seite 46/47: Phantasievoll zusammengestellte Salatplatte

Paprika-Fleisch-Salat

250 g Kalbfleisch
½ l Wasser
Salz
2 rote Paprikaschoten
4 Tomaten
2 Zwiebeln
Für die Marinade:
3 Eßlöffel Öl
Saft von 1½ Zitronen
Salz
gemahlener schwarzer Pfeffer
Außerdem:
2 Grapefruits
½ Kästchen Kresse

Kalbfleisch unter kaltem Wasser abspülen. Wasser in einem Topf aufkochen. Salzen. Fleisch hineingeben. Zugedeckt bei mittlerer Hitze in 50 Minuten garkochen. Auskühlen lassen.
Paprikaschoten halbieren, putzen, waschen und in schmale Streifen schneiden. Tomaten häuten, halbieren, entkernen und die Stengelansätze ausschneiden. Fruchtfleisch in feine Streifen schneiden. Zwiebeln schälen und in Ringe schneiden. Gekochtes, abgekühltes Kalbfleisch in feine Streifen schneiden.
Öl in eine Schüssel geben. Zitronensaft einrühren. Mit Salz und schwarzem Pfeffer abschmecken. Das Fleisch und Gemüse in die Marinade geben.
Grapefruits halbieren. Mit einem scharfkantigen Löffel so aushöhlen, daß rundum eine Schicht Fruchtfleisch übrigbleibt. Die Mulden mit dem Paprika-Fleisch-Salat füllen und diesen 60 Minuten ziehen lassen. Mit abgespülter, trockengetupfter Kresse garnieren.
Vorbereitung: Ohne Auskühlzeit 25 Minuten.
Zubereitung: Ohne Marinierzeit 60 Minuten.

Feiner Salat aus Geflügelleber und Nüssen

Für 6 Personen

250 g geputzte Geflügelleber
¼ l Milch
50 g Butter
Salz
schwarzer Pfeffer aus der Mühle
100 g frische Champignons
1 Teelöffel Zitronensaft
2 Eßlöffel grob gehackte Walnüsse
1 Eßlöffel grob gehackte Haselnüsse
Für die Marinade:
1 Eßlöffel Sherry-Essig
2 Eßlöffel Walnußöl
Salz, Pfeffer
einige Tropfen Cognac
1 Messerspitze Honig
Außerdem:
einige Kopfsalatblätter
einige Radicchioblätter
100 g weiße Trauben (geschält und entkernt)

Die geputzte Leber waschen und 20 Minuten in Milch legen. Abtropfen lassen, trockentupfen. Die Butter in einer schweren Pfanne erhitzen, die Leber darin rosig braten. Die Butter abgießen, die Leber in der Pfanne abkühlen lassen.
Dann mit Salz und Pfeffer bestreuen. Die geputzten und gewaschenen Champignons in wenig Wasser, dem etwas Zitronensaft zugesetzt wird, 3 Minuten blanchieren. Abtropfen lassen und in Scheiben schneiden. Zusammen mit den gehackten Nüssen zur Leber geben.
Die Salatblätter waschen und trockenschleudern. Eine Platte damit auslegen.
Für die Marinade in einer großen Schüssel Essig und Öl verrühren, mit Salz und Pfeffer würzen, mit Cognac und Honig abschmecken. Alle Salatzutaten in die Marinade geben und vorsichtig umrühren. Den Salat an einem kühlen Platz 1 Stunde durchziehen lassen. Dann auf der Platte anrichten und die Trauben darauf verteilen.
Vorbereitung: 30 Minuten.
Zubereitung: Ohne Marinierzeit 10 Minuten.

Geflügelsalat mit Trauben
(Foto Seite 50)

300 g gekochte Hühnerbrust
2 kleine Äpfel (Goldreinette)
Für die Marinade:
1 Eßlöffel Zitronensaft
1½ Eßlöffel Distelöl
Kräutersalz, Pfeffer
Außerdem:
75 g Walnüsse
125 g weiße Trauben (geschält und entkernt)

Die Hühnerbrust in kleine Würfel schneiden. Die Äpfel schälen, vierteln, das Kerngehäuse ausschneiden, die Viertel würfeln. Zu den Fleischwürfeln geben.
Für die Marinade Zitronensaft und Öl verrühren. mit Kräutersalz und reichlich Pfeffer würzen. Über die Fleisch- und Apfelwürfel gießen. Vorsichtig umrühren.
Die Walnüsse bis auf 6 Hälften grob hacken, über den Salat streuen. Mit den Walnußhälften und den Trauben garnieren.
Vorbereitung: 10 Minuten.
Zubereitung: 10 Minuten.

Geflügelsalat mit Sellerie
(Foto Seite 50)

300 g gekochte Hühnerbrust
4 Stengel Bleichsellerie
Salz
2 Scheiben Ananas (frisch oder aus der Dose)
1 kleiner Apfel
Für die Marinade:
1 Eßlöffel Zitronensaft
2 Eßlöffel Sonnenblumenöl
Selleriesalz
schwarzer Pfeffer aus der Mühle
einige Salatblätter

Die Hühnerbrust in Streifen schneiden, die Selleriestangen 2 Minuten in leicht gesalzenem Wasser blanchieren, herausnehmen, unter kaltem Wasser abspülen und auf Küchenpapier abtropfen lassen. Die Ananasscheiben (frische schmekken natürlich besser als Dosenware) in kleine Stücke schneiden. Den Apfel schälen, halbieren, Kerngehäuse entfernen, die Hälften in Streifen schneiden. Die abgetropften Selleriestangen in Würfel schneiden.
Zitronensaft und Sonnenblumenöl verrühren. mit Selleriesalz und reichlich Pfeffer abschmecken. In einer Schüssel Hühnerfleisch, Selleriewürfel, Apfel und Ananas verrühren, die Marinade darübergießen, umrühren und durchziehen lassen.
Den Salat auf einer mit gewaschenen und gut abgetropften Salatblättern belegten Glasschüssel anrichten.
Vorbereitung: 10 Minuten.
Zubereitung: Ohne Marinierzeit 5 Minuten.

Apfelsalat reiche Art
(Foto Seite 50)
Für 6 Personen

3 Boskopäpfel
½ Staude Bleichsellerie
1 Scheibe gekochter Hinterschinken (ca. 150 g)
50 g geräucherte Rinderzunge
125 g gekochte Hühnerbrust
50 g Walnüsse, grob gehackt
Für die Marinade:
½ Becher saure Sahne (100 g)
1 Eßlöffel Mayonnaise
1 Eßlöffel Cognac
Salz, weißer Pfeffer
Außerdem:
2 Scheiben frische Ananas
Salatblätter, Petersilie

Die Äpfel schälen, vierteln, das Kerngehäuse ausschneiden; die Apfelviertel zuerst in Scheiben, dann in feine Streifen schneiden. Den Bleichsellerie putzen, waschen, abtropfen lassen und ebenfalls in Streifen schneiden. Ebenso Schinken, Zunge und das Hühnerfleisch. Die Zutaten zusammen mit der Hälfte der Nüsse in eine Schüssel geben.
Für die Marinade die saure Sahne mit Mayonnaise verrühren; mit Cognac, Salz und Pfeffer würzen. Die Soße über die Zutaten gießen und vorsichtig umrühren.
Auf einer großen Platte die gewaschenen und gut abgetropften oder geschleuderten Salatblätter auslegen, den Salat darauf verteilen und mit den restlichen gehackten Nüssen bestreuen. Die Ananasscheiben in Stücke schneiden und als Dekoration rundherum und obenauf legen. Mit gewaschenen und gut abgetropften Petersiliensträußchen garnieren.
Vorbereitung: 10 Minuten.
Zubereitung: 10 Minuten.

Apfelsalat reiche Art (Rezept Seite 49)
Darunter: Drei verschiedene Geflügelsalate
(Rezepte Seite 37 und 49)

Schinkensalat schwedisch

Schinkensalat schwedisch

Für den Salat:
1 l Wasser, Salz
100 g Hörnchennudeln
250 g gekochter Rinderschinken
1 Banane
Saft einer Zitrone
½ Sellerieknolle
½ kleine Honigmelone von etwa 300 g
125 g blaue Weintrauben
1 kleine Dose Erbsen extra fein
Für die Marinade:
50 g Mayonnaise
⅛ l saure Sahne
Saft einer halben Zitrone
Salz
weißer Pfeffer
1 Prise Zucker

Wasser und Salz in einem Topf aufkochen. Nudeln darin in 12 bis 15 Minuten bißfest kochen. Auf ein Sieb gießen und mit kaltem Wasser abschrecken. Gut abtropfen und auskühlen lassen.
Rinderschinken in ½ cm große Würfel schneiden. Mit den kalten Nudeln in eine Schüssel geben. Banane schälen, in ½ cm breite Scheiben schneiden. Auf einen Teller geben. Mit der Hälfte des Zitronensafts beträufeln. Sellerieknolle unter fließendem Wasser abbürsten, schälen, nochmals abspülen, abtropfen lassen. Auf einer Reibe grob raffeln. Mit dem restlichen Zitronensaft beträufeln.
Aus der Honigmelone mit einem Eßlöffel die Kerne entfernen. Mit einem Kartoffelbohrer aus dem Fruchtfleisch Kugeln ausstechen. Weintrauben waschen. Beeren von den Stielen zupfen. Beeren halbieren und entkernen. Erbsen auf einem Sieb gut abtropfen lassen. Alles mit Bananenstücken und Sellerie zusammen unter die Nudeln und den Schinken mischen.
Für die Marinade Mayonnaise und saure Sahne in einer Schüssel verrühren. Mit Zitronensaft, Salz, Pfeffer und Zucker abschmecken. Salat mit Marinade begießen und zugedeckt mindestens 60 Minuten im Kühlschrank durchziehen lassen. Abschmecken. Angerichtet servieren.
Vorbereitung: 40 Minuten.
Zubereitung: Ohne Marinierzeit 10 Minuten.

Zungensalat

Knapp 1/8 l Wasser
Salz
1 Prise Zucker
100 g tiefgekühlte Erbsen
300 g gepökelte, gekochte Rinderzunge in Scheiben
1 kleine Dose Spargelspitzen
2 Gewürzgurken
2 Tomaten
Für die Marinade:
50 g Mayonnaise
3 Eßlöffel Joghurt
1 Teelöffel Zitronensaft
2 Eßlöffel Cognac
je 1 Messerspitze Senf und geriebener Meerrettich aus dem Glas
weißer Pfeffer, Zucker
1 Spritzer Worcestersoße
Für die Garnierung:
1/2 Kästchen Kresse
1 hartgekochtes Ei

Wasser mit Salz und Zucker in einem Topf aufkochen. Erbsen unaufgetaut hineingeben. 8 Minuten kochen lassen. Auf einem Sieb abtropfen und abkühlen lassen.
Zunge, wenn nötig, von Haut und Fettstreifen befreien. In 1 cm breite, 3 cm lange Streifen schneiden. Mit den abgetropften Spargelspitzen und den Erbsen in eine Schüssel geben. Abgetropfte Gurken in feine Streifen schneiden. Tomaten häuten und vierteln. Stengelansätze dabei ausschneiden. Alle Zutaten in der Schüssel locker mischen.
Für die Marinade Mayonnaise mit Joghurt, Zitronensaft und Cognac in einer Schüssel verrühren. Mit Senf, Meerrettich, Salz, Pfeffer, Zucker und Worcestersoße abschmecken. Über die Salatzutaten gießen. Zugedeckt 15 Minuten im Kühlschrank marinieren.
In der Zwischenzeit Kresse unter kaltem Wasser abspülen und abtropfen lassen. Die Blättchen von den Stielen schneiden. Ei schälen und achteln. Zungensalat in einer Schüssel anrichten. Mit Kressesträußchen und Eiachteln garnieren und servieren.
Vorbereitung: 15 Minuten.
Zubereitung: Ohne Marinierzeit 20 Minuten.

Bayrischer Wurstsalat

250 g Fleischwurst
200 g Zwiebeln
200 g Tomaten
Für die Marinade:
5 Eßlöffel Öl
Salz, Pfeffer
1 Eßlöffel Senf
4 Eßlöffel Kräuteressig
5 Eßlöffel Wasser

Fleischwurst häuten, längs halbieren und in feine Streifen schneiden. Zwiebeln schälen. In dünne Ringe schneiden. Tomaten abziehen und in Scheiben schneiden. Alle Zutaten miteinander mischen. Marinade aus Öl, Salz, Senf, Essig und Wasser rühren. Mit der Pfeffermühle darübermahlen. Würzig abschmecken. Salat kalt stellen und gut durchziehen lassen. Vor dem Servieren nochmals abschmecken.
Vorbereitung: 25 Minuten.
Zubereitung: 10 Minuten.

Apfel-Wurst-Salat

1 Zwiebel
2 Äpfel
150 g Dauerwurst
1 große Essiggurke
1 Eßlöffel Essig
2 Eßlöffel Sonnenblumenöl
Salz, Pfeffer
1 Prise Zucker

Zwiebel schälen. In feine Ringe schneiden. Äpfel schälen und würfeln. Dauerwurst und Essiggurken ebenfalls würfeln. Alles mischen. Für die Salatsoße Essig und Öl verrühren. Salz und Pfeffer dazugeben. Mit 1 Prise Zucker abschmecken. Über den Apfel-Wurst-Salat gießen. Gut umrühren. 20 Minuten ziehen lassen.
Vorbereitung: 75 Minuten.
Zubereitung: 10 Minuten.

Salate mit Fischen und Meeresfrüchten

Langustensalat in Grapefruits
(Foto Seite 54)

1 Dose Langustenschwänze (140 g)
2 Grapefruits
2 hartgekochte Eier
2 Cornichons
1 Apfel
Für die Marinade:
50 g Mayonnaise
½ Teelöffel Senf
Salz
weißer Pfeffer
1 Prise Zucker
Cayennepfeffer
6 Eßlöffel Sahne
Für die Garnierung:
¼ Kästchen Kresse

Langustenschwänze kleinschneiden und in eine Schüssel geben. Grapefruits waschen, trockentupfen und quer halbieren. Fruchtfleisch vorsichtig auslösen. Schalen beiseite stellen. Fruchtfleisch entkernen, Reste der weißen Haut entfernen und die Hälfte des Fleisches in etwa ½ cm große Würfel schneiden. Zum Langustenfleisch geben. (Rest Fruchtfleisch einzuckern, als Dessert reichen.) Eier schälen und würfeln. Cornichons ebenfalls würfeln. Apfel schälen, vierteln und das Kerngehäuse entfernen. Apfelstücke in kleine Würfel schneiden. Eier, Cornichons und Apfel zum Langustenfleisch geben. Locker mischen.
Mayonnaise mit Senf in einer Schüssel verrühren. Mit Salz, weißem Pfeffer, Zucker und einem Hauch Cayennepfeffer pikant würzen.
Sahne steif schlagen und unterheben. Die Soße über den Salat gießen und mischen. In die Grapefruitschalen füllen. Kresse unter kaltem Wasser abspülen. Abtropfen lassen. Blättchen abschneiden. Als Garnierung auf den Salat legen. Bis zum Servieren kalt stellen.
Vorbereitung: 30 Minuten.
Zubereitung: 10 Minuten.

Thunfischsalat in Tomaten
(Foto Seite 54)

4 mittelgroße Tomaten
Kräutersalz
schwarzer Pfeffer aus der Mühle
100 g gekochter Thunfisch aus der Dose
3 hartgekochte Eier
1 Teelöffel Kapern
1 Eßlöffel Mayonnaise
1 Teelöffel Crème fraîche
1 Messerspitze Sardellenpaste
1 Eßlöffel feingehackte Petersilie
4 Zitronenachtel
abgezupfte Petersilie zum Garnieren
einige Salatblätter

Die Tomaten mit kochendem Wasser übergießen, häuten und bei jeder einen Deckel mit dem Stengelansatz abschneiden. Mit einem Löffel aushöhlen (das Innere für eine Tomatensuppe verwenden). Die Tomaten innen mit Kräutersalz und Pfeffer ausstreuen und mit der Öffnung nach unten auf Küchenpapier setzen.
Den Thunfisch abtropfen lassen und in Stücke zupfen. Mit den in kleine Würfel geschnittenen Eiern und den gehackten Kapern vermischen. Die Mayonnaise mit Sahne und wenig Sardellenpaste verrühren, die Petersilie zugeben und abschmecken. Die Tomaten mit der Mischung füllen, mit Zitronenachteln und Petersilie garnieren und auf einen mit gewaschenen und gut abgetropften Salatblättern ausgelegten Teller setzen.
Vorbereitung: 5 Minuten.
Zubereitung: 5 Minuten.

Oben: Thunfischsalat in Tomaten (Rezept Seite 53)

Unten: Langustensalat in Grapefruits (Rezept Seite 53)

Helgoländer Fischsalat

400 g Kabeljaufilet
¼ l Wasser, Salz
1 kleine Dose Spargelabschnitte
4 Tomaten
140 g Nordseekrabben aus der Dose
100 g Miesmuscheln aus dem Glas
Für die Beize:
4 Eßlöffel Essig
Salz, weißer Pfeffer
1 Prise Zucker
4 Eier
Für die Marinade:
100 g Mayonnaise
1 Eßlöffel Tomatenketchup
4 Eßlöffel Beize
Salz, weißer Pfeffer
Paprika edelsüß
1 Prise Zucker
2 Spritzer Worcestershire-Soße
Zum Garnieren:
½ Bund Petersilie

Kabeljaufilet in einen Topf mit kochendem, gesalzenem Wasser geben. In 10 Minuten garziehen lassen. Abtropfen und auskühlen lassen. Zerpflücken.
Spargelabschnitte abtropfen lassen. Flüssigkeit auffangen. Tomaten waschen, abziehen, Stengelansätze ausschneiden, in Scheiben schneiden. Krabben und Muscheln ebenfalls abtropfen lassen. Muscheln in Scheiben schneiden.
Spargelwasser, Essig, Salz, Pfeffer und Zucker in einer Schüssel verrühren. Mit den Salatzutaten mischen und 20 Minuten in dieser Beize ziehen lassen.
Eier in 8 Minuten hartkochen. Unter kaltem Wasser abschrekken und schälen. In Scheiben schneiden. Salatzutaten mit dem Schaumlöffel aus der Beize heben. Abtropfen lassen. In eine Schüssel füllen.
Für die Marinade Mayonnaise mit Tomatenketchup und 4 Eßlöffeln Beize verrühren. Mit Salz, Pfeffer, Paprika, Zucker und Worcestershire-Soße abschmecken. Marinade und Eischeiben vorsichtig unter die Salatzutaten heben. 10 Minuten durchziehen lassen. Salat mit gewaschener, trockengetupfter Petersilie garniert servieren.
Vorbereitung: Ohne Beizzeit 25 Minuten.
Zubereitung: Ohne Marinierzeit 15 Minuten.

Helgoländer Fischsalat

Spanischer Anchovis-Teller

10 frische Sardellen (500 g)
5 Knoblauchzehen
Salz
frisch gemahlener schwarzer Pfeffer
1 Eßlöffel Paprika rosenscharf
1 Eßlöffel getrockneter Estragon
10 gefüllte grüne Oliven
2 rote Zwiebeln
1 Möhre
1 Tomate
je ½ grüne und rote Paprikaschote
Für die Marinade:
je 1¼ Tassen Olivenöl
und Estragonessig
Salz
Für die Garnierung:
½ Bund Petersilie
4 Stengel Dill

Boquerones nennt man die auch als Anchovis bekannten Sardellen, die seit Urzeiten an den Küsten der Iberischen Halbinsel gefangen werden. Sardellen waren, ähnlich wie Austern, früher ein »Arme-Leute-Essen«. Heute sind sie eine Delikatesse. Der Spanische Anchovis-Teller stammt von Fischern aus Málaga, die – wie alle Fischer Spaniens – die pikantesten Fischrezepte haben.

Köpfe und Schwänze der Sardellen abschneiden. Entlang der Rückengräte mit einem scharfen Messer einschneiden. Filets häuten und kurz unter kaltem Wasser abspülen. Abtropfen lassen.

Sternförmig auf einer tiefen runden Platte anrichten. Knoblauchzehen schälen und mit reichlich Salz zerdrücken. Über die Sardellen verteilen. Mit reichlich Pfeffer, Paprika und zerriebenem Estragon bestreuen.

Die abgetropften Oliven in Scheiben, geschälte Zwiebeln in Ringe schneiden. Möhre schälen, abspülen, abtrocknen. In dünne Scheiben schneiden. Tomate abspülen, abtrocknen, halbieren, Stengelansätze ausschneiden. Tomaten sechsteln, Paprikaschoten halbieren, Kerne entfernen, waschen, abtropfen lassen und in zarte Streifen schneiden. Alles in gefälligem Arrangement über die Boquerones verteilen.

Für die Marinade Öl, Essig und reichlich Salz mischen, darübergießen. Boquerones mit Klarsichtfolie oder Pergamentpapier bedeckt mindestens 24 Stunden an einem kühlen Ort durchziehen lassen.

Kurz vor dem Servieren mit gewaschener, in Blättchen gezupfter Petersilie und mit gewaschenem, zerkleinertem Dill garnieren.

Platte in die Mitte des Tisches stellen. Jeder nimmt sich mit einer Gabel oder einem Holzspieß Fische und Garnierung direkt von der Platte auf seinen Teller.

Vorbereitung: 35 Minuten.
Zubereitung: Ohne Zeit zum Marinieren 20 Minuten.

Portugiesischer Sardinensalat

2 Zwiebeln
je 200 g Brechbohnen
und Spargelspitzen aus der Dose
1 Glas Maiskölbchen
50 g mit Paprika gefüllte Oliven
2 Dosen Ölsardinen ohne Haut
und Gräten
Für die Marinade:
3 Eßlöffel Olivenöl
2 Eßlöffel Zitronensaft
Salz, weißer Pfeffer
1 Prise Zucker
Zum Garnieren:
2 Tomaten
½ Bund Petersilie

Zwiebeln schälen und in dünne Scheiben schneiden. Bohnen, Spargelspitzen, Maiskölbchen und Oliven abtropfen lassen und halbieren. Alles in einer Schüssel mischen.

Ölsardinen aus dem Öl nehmen. Ebenfalls halbieren. Mittelgräten entfernen. Ölsardinen vorsichtig unter das Gemüse heben.

Für die Marinade Öl, Zitronensaft, Salz, Pfeffer und Zucker gut verrühren. Über den Salat verteilen. Vorsichtig unterheben und 30 Minuten ziehen lassen. In eine Salatschüssel füllen. Tomaten waschen, Stengelansätze ausschneiden. Tomaten achteln. Salat damit und mit abgespülter, trockengetupfter Petersilie garnieren.

Vorbereitung: 15 Minuten.
Zubereitung: Ohne Marinierzeit 5 Minuten.

Matjesfilet Hausfrauenart

8 Matjesfilets
¼ l Milch
3 Zwiebeln
2 säuerliche Äpfel
3 kleine Gewürzgurken
1 Teelöffel Wacholderbeeren
¼ l saure Sahne
3 Eßlöffel Mayonnaise
Saft einer Zitrone
2 Eßlöffel Öl
Salz
weißer Pfeffer
1 Prise Zucker
je 1 Bund Petersilie und Dill

Ganz fangfrischen Matjeshering bekommen Sie im Mai und Juni. In dieser Zeit schmeckt der Matjes am besten.
Matjesfilets mit Milch in eine Schüssel geben. Etwa 60 Minuten darin ziehen lassen. Herausnehmen, auf Haushaltspapier abtropfen lassen und in mundgerechte Stücke schneiden.
Zwiebeln und Äpfel schälen. Zwiebeln in Ringe schneiden. Äpfel vierteln, entkernen und in dünne Scheiben schneiden. Abwechselnd mit den Matjesfilets und den in Scheiben geschnittenen Gurken in einen glasierten Steinguttopf oder eine enge Porzellanschüssel schichten. Wacholderbeeren darüberstreuen. Saure Sahne mit Mayonnaise, Zitronensaft und Öl verrühren. Mit Salz, Pfeffer und Zucker abschmecken. Petersilie und Dill abspülen, trockentupfen und feingehackt hineingeben. Die Marinade über die Matjesfilets gießen. Mit einem Deckel oder Alufolie verschließen. Mindestens 3 bis 4 Stunden, möglichst länger, im Kühlschrank durchziehen lassen.
Vorbereitung: Ohne Zeit zum Wässern 25 Minuten.
Zubereitung: Ohne Marinierzeit 10 Minuten.

Heringstopf

6 Salzheringe
½ Flasche Mineralwasser
Für die Soße:
¼ l saure Sahne
½ Becher Joghurt
Saft einer halben Zitrone
Zucker
Piment
2 Zwiebeln
2 Äpfel
½ Bund Dill

Salzheringe über Nacht in eine Schüssel mit kaltem Wasser legen. Am nächsten Tag herausnehmen und mit Haushaltspapier trockentupfen. Ausnehmen. (Dabei Köpfe, Schwänze und Rückenflossen abschneiden.) Häuten und vom Rücken aus die Filets ablösen. In eine Schüssel legen und mit Mineralwasser begießen. 4 Stunden ziehen lassen.
Für die Soße saure Sahne mit Joghurt und Zitronensaft in einer Schüssel verrühren. Mit Zucker und Piment würzen. Zwiebeln und Äpfel schälen. Kerngehäuse der Äpfel entfernen. Zwiebeln in Ringe schneiden. Äpfel vierteln, in dünne Spalten schneiden. In die Soße geben.
Heringe aus dem Wasser nehmen. Auf einem Sieb sehr gut abtropfen lassen und mit Haushaltspapier trockentupfen. Lagenweise mit der Soße in eine Keramikschüssel schichten. Diese gut verschließen. Mindestens 5 Stunden marinieren.
Dill unter kaltem Wasser abspülen. Mit Haushaltspapier trockentupfen und fein schneiden. Vor dem Servieren über den Heringstopf streuen.
Vorbereitung: Ohne Zeit zum Wässern 25 Minuten.
Zubereitung: Ohne Marinierzeit 10 Minuten.

Marinaden und Dips

Lachsdip

1 kleine Dose Räucherlachs
2 Eßlöffel Mayonnaise
3 Eßlöffel saure Sahne
1 Eßlöffel Tomatenketchup
Salz
Pfeffer aus der Mühle
Worcestershire-Soße
etwas Zitronensaft
1 Eßlöffel fein geschnittener Dill

Den Lachs gut abtropfen lassen und dann durch ein Sieb passieren oder pürieren. Mit der Mayonnaise, der sauren Sahne und Ketchup verrühren. Die Soße mit Salz, Pfeffer, etwas Worcestershire-Soße sowie Zitronensaft abschmecken. Den Dill unterrühren und den Dip in ein Schüsselchen füllen.
Zum Dippen eignen sich viele rohe Gemüse wie Paprika, Broccoli, Blumenkohl, Bleichsellerie, Karotten, Gurken, Fenchel. Man kann aber auch Krabben oder Muscheln mit einem solchen Dip servieren.
Vorbereitung: 5 Minuten.
Zubereitung: 3 Minuten.

Tomaten-, Curry- und Lachsdip (Rezepte oben und Seite 60)

Krabbendip

200 g tiefgekühlte Krabben
Saft einer Zitrone
Für die Zitronensoße:
1 Zitrone
125 g Mayonnaise
2 Eßlöffel Crème fraîche
2 Teelöffel Senf
Salz
weißer Pfeffer
1 Prise Zucker
Zum Panieren:
2 Eier
3 Eßlöffel Mehl
Salz
weißer Pfeffer
1 Prise Ingwerpulver
Knoblauchsalz
6 Eßlöffel Öl zum Braten

Krabben mit Zitronensaft beträufelt in einer Schüssel auftauen lassen.
In der Zwischenzeit Zitrone unter heißem Wasser abspülen, mit Haushaltspapier trocknen. Dünn abschälen und Schale in sehr feine Streifchen (julienne) schneiden. Beiseite stellen. Zitrone halbieren, Saft auspressen. Mit der Mayonnaise, Crème fraîche, Senf und den Gewürzen in einer Schüssel verrühren.
Zitronenstreifchen unterheben. Zugedeckt kühl stellen. Aufgetaute Krabben abtropfen lassen oder mit Haushaltspapier trockentupfen.
Eier und Mehl in einer Schüssel verquirlen. Salz, Pfeffer, Ingwerpulver und Knoblauchsalz einrühren. Öl in einer Pfanne erhitzen. Krabben in den Teig tauchen. Mit einem Schaumlöffel herausnehmen und im Öl in 3 Minuten rundherum goldbraun braten. Herausnehmen und auf Haushaltspapier abtropfen lassen. Auf eine vorgewärmte Platte legen. Soße in ein Schälchen füllen. Die Krabben in die Zitronensoße dippen.
Vorbereitung: Ohne Auftau- und Kühlzeit 20 Minuten.
Zubereitung: 30 Minuten.

Krabbendip

Currydip
(Foto Seite 58)

1 Eßlöffel Sonnenblumenöl
3 Schalotten
1 Eßlöffel Currypulver
3 Eßlöffel Mayonnaise
3 Eßlöffel saure Sahne
etwas Cayennepfeffer
Salz
½ säuerlicher Apfel

Das Öl in einem Pfännchen erhitzen, die sehr fein gehackten Schalotten darin glasig braten, das Currypulver unterrühren. Kalt werden lassen. Die Masse durch ein Sieb streichen oder pürieren und mit der Mayonnaise und der sauren Sahne vermischen. Mit Cayennepfeffer und Salz abschmecken. Den halben Apfel schälen, das Kerngehäuse ausschneiden, den Apfel grob raffeln und unter die Soße rühren. Den Dip in einem Schälchen anrichten.
Vorbereitung: 5 Minuten.
Zubereitung: 5 Minuten.

Tomatendip
(Foto Seite 58)

4 Eßlöffel Mayonnaise
1 Eßlöffel Crème fraîche
1 Eßlöffel saure Sahne
2 Eßlöffel Tomatenpüree
1 Eßlöffel Tomatenketchup
etwas Zucker, Kräutersalz
weißer Pfeffer aus der Mühle

Die Mayonnaise mit Crème fraîche und saurer Sahne verrühren. Tomatenpüree und Tomatenketchup damit vermischen, die Soße mit Zucker, Kräutersalz und Pfeffer abschmecken und in ein Schälchen gießen.
Vorbereitung: 5 Minuten.
Zubereitung: 2 Minuten.

Käsedip

250 g Doppelrahm-Frischkäse
50 g Mayonnaise
2 Eßlöffel saure Sahne
Salz
weißer Pfeffer
2 Teelöffel Paprika rosenscharf
2 Teelöffel Curry
5 Stengel Petersilie
4 Stengel Dill
¼ Bund Schnittlauch
¼ Kästchen Kresse

Für diesen Dip empfehlen sich besonders Chicorée-Blätter, Tomatenscheiben, Cracker, Pellkartoffeln, Salzstangen, Gurkenstifte oder gekochte kalte Artischocken.
Frischkäse durch ein Sieb in eine Schüssel streichen. Mit Mayonnaise und saurer Sahne zu einer glatten Soße rühren. Mit Salz und Pfeffer abschmecken. In drei Portionen teilen. Jede Portion in ein Schälchen geben. Die erste Portion mit Paprika, die zweite mit Curry würzen.
Für die dritte Portion Petersilie, Dill und Schnittlauch unter fließendem Wasser abspülen, mit Haushaltspapier trockentupfen. Kresse unter fließendem Wasser abbrausen, abtropfen lassen und mit einem scharfen Messer abschneiden. Alle Kräuter feinhacken und untermischen.
Vorbereitung: 10 Minuten.
Zubereitung: 15 Minuten.

Blaukäse-Zwiebel-Dip

100 g Doppelrahm-Frischkäse
100 g Roquefort
1 Tasse Mayonnaise
Salz
1 Eßlöffel fein gewürfelte Zwiebel
1 Prise Knoblauchpulver
1 Prise schwarzer Pfeffer
Kräcker, Kartoffelchips, Möhrenstifte

Doppelrahm-Frischkäse und Roquefort gut verrühren. Mayonnaise, Salz, Zwiebelwürfel, Knoblauchpulver und Pfeffer hineingeben. Pikant abschmecken. In eine Schale füllen. Die stellen Sie bitte auf eine große Platte und richten rundherum Kräcker, Kartoffelchips und in Stifte geschnittene Möhren an. Jeder nimmt sich davon was, stippt damit in die Käsecreme und ißt das delikate Häppchen auf.
Vorbereitung: 5 Minuten.
Zubereitung: 5 Minuten.

Dip mit Artischocken

Für die Sauce Vinaigrette:
2 hartgekochte Eier
1 rohes Eigelb
8 Eßlöffel Öl
4 Eßlöffel Weinessig
1 Teelöffel scharfer Senf
½ Teelöffel feingemahlener Pfeffer
Salz
1 Teelöffel Kapern
je 2 Eßlöffel feingehackte Estragonblätter und Petersilie
Für die Orangensoße:
125 g Mayonnaise
2 Eßlöffel Sahne
Saft einer Orange
2 Eßlöffel Senf
Salz, weißer Pfeffer
1 Prise Zucker
dünn geschälte Schale einer halben Orange
Für die Tomatensoße:
3 Eßlöffel Tomatenketchup
50 g Mayonnaise
Salz, weißer Pfeffer
1 Eßlöffel Paprika edelsüß
1 Prise Zucker
2 Eßlöffel Sahne
4 Artischocken
Saft einer Zitrone
Salz
Wasser

Dip mit Artischocken ist ein ganz besonderer Eßspaß, wenn Sie Besuch haben. Sie müssen auch nicht mehr in der Küche arbeiten, wenn Ihre Gäste schon da sind. Die Soßen können Sie vorher zubereiten; die Artischocken kochen fast allein.
Für die Sauce Vinaigrette Eier halbieren. Eigelb herausnehmen. Durch ein Haarsieb passieren. Mit dem rohen Eigelb, Öl, Essig und Senf verrühren. Mit Pfeffer und Salz abschmekken. Kapern feinhacken. Mit den feingehackten Kräutern in die Soße geben. Eiweiß feinhacken. Ebenfalls zugeben. Etwas Petersilie als Garnierung daraufgeben. Bis zum Servieren in den Kühlschrank stellen.
Für die Orangensoße Mayonnaise, Sahne, Orangensaft und Senf verrühren. Mit Salz, Pfeffer und Zucker abschmecken. Orangenschale in sehr feine Streifchen (julienne) schneiden. In die Soße geben. Einige als Garnierung darüberstreuen. Auch in den Kühlschrank stellen.
Tomatenketchup mit Mayonnaise gut mischen. Salz, Pfeffer, Paprika und Zucker zugeben. Mit Sahne geschmeidig rühren. Etwas Paprika darüberstäuben.
Diese Soße kommt auch in den Kühlschrank.
Die Artischocken waschen. Stengel bis an den Boden der Artischocke abschneiden. Von den Blattspitzen jeweils 3 cm wegschneiden. Alle Schnittflächen mit Zitronensaft einreiben. In kochendes, gesalzenes Wasser geben. 30 bis 45 Minuten kochen. (Die Kochzeit richtet sich nach der Größe und dem Alter der Artischocken.) Herausnehmen. Gut abtropfen lassen. Jeweils eine Artischocke auf einen Teller legen. Soßen getrennt dazu reichen.
Vorbereitung: 20 Minuten.
Zubereitung: 50 Minuten.

Meerrettichdips

Für den Meerrettichdip mit Quark:
125 g Sahnequark
4 Eßlöffel Sahne
1½ Eßlöffel geriebener Meerrettich
Salz, Zucker
½ Teelöffel Paprika edelsüß
Für den Meerrettichdip mit Äpfeln und Nüssen:
2 Äpfel
Saft einer halben Zitrone
3 Eßlöffel Mayonnaise
1 Eßlöffel geriebener Meerrettich
2 Eßlöffel gemahlene Haselnüsse
Für den Meerrettichdip mit Schinken:
75 g gekochter Schinken
1 Gewürzgurke
3 Eßlöffel Mayonnaise
1 Eßlöffel geriebener Meerrettich
Salz, weißer Pfeffer
1 Spritzer Tabascosoße

Für den Meerrettichdip mit Quark: Quark mit Sahne und Meerrettich verrühren. Mit Salz, Zucker und Paprika edelsüß abschmecken.
Zubereitung: 5 Minuten.

Für den Meerrettichdip mit Äpfeln und Nüssen: Äpfel schälen, halbieren. Kerngehäuse ausschneiden. Apfelhälften fein reiben. Sofort mit Zitronensaft mischen. Mayonnaise, Meerrettich und zum Schluß die gemahlenen Haselnüsse unterrühren. Zu den Äpfeln geben.
Vorbereitung: 10 Minuten.
Zubereitung: 5 Minuten.

Für den Meerrettichdip mit Schinken: Schinken und Gurke fein würfeln. Mayonnaise mit Meerrettich, Salz, Pfeffer und Tabascosoße verrühren. Schinken und Gurke untermischen.
Vorbereitung: 5 Minuten.
Zubereitung: 5 Minuten.

Mayonnaise

2 Eigelb
1 Prise Salz
weißer Pfeffer
1 Teelöffel Senf
2 Teelöffel Essig
¼ l Olivenöl

Ein Koch aus Mahon, einer kleinen Stadt auf der Baleareninsel Menorca, experimentierte eines Tages mit einer cremigen Soße aus Ei, Essig, Öl und Gewürzen. Als er das Ganze abschmeckte, war er sehr zufrieden. Und die Mayonnaise war entdeckt.
Sie wissen, daß es eine Reihe fertiger Mayonnaisen gibt. Trotzdem schwören viele Hausfrauen immer noch auf selbstgemachte. Rühren auch Sie mal eine selbst.
Eigelb, Salz, Pfeffer, Senf und einige Tropfen Essig in einer Schüssel mit dem Schneebesen oder mit einer Gabel glattrühren. Unter ständigem Rühren Öl zunächst tropfenweise dazugeben. Wenn die Masse etwas steif wird, das restliche Öl langsam in dünnem Strahl unterrühren. Bitte immer in einer Richtung rühren. Sobald das ganze Öl verbraucht ist, restlichen Essig unterrühren. Eventuell nochmals abschmecken.
Vorbereitung: 5 Minuten.
Zubereitung: 10 Minuten.

Sollte die Mayonnaise gerinnen, so kann man sie manchmal schon durch einen Teelöffel kaltes Wasser in Ordnung bringen. Das Wasser tropfenweise unter ständigem Schlagen dazugeben. Andernfalls ein Eigelb glattrühren und die geronnene Mayonnaise langsam darunterschlagen.
Herzhafte Mayonnaise-Variationen: 100 g Mayonnaise mit 2 Eßlöffeln Apfelmus und 2 Eßlöffeln geriebenem Meerrettich verrühren. Mit Salz, weißem Pfeffer, 1 Teelöffel Zitronensaft und 1 Prise Zucker abschmecken.
Kräuter-Mayonnaise: 100 g Mayonnaise mit je ½ Bund gewaschener, getrockneter, gehackter Petersilie, Dill, Pimpinelle und Schnittlauch verrühren. Mit 1 Teelöffel Zitronensaft, Salz, weißem Pfeffer, 1 Prise Knoblauchpulver und 2 Teelöffeln Senf abschmecken.
Meerrettich-Mayonnaise: 100 g Mayonnaise mit 3 Eßlöffeln geriebenem Meerrettich verrühren. Mit Salz, weißem Pfeffer, 1 Prise Zucker und 1 Eßlöffel Orangensaft abschmecken.

Vinaigrette

50 g frische Kräuter (Kerbel, Estragon, Petersilie, Schnittlauch)
1 Teelöffel Kapern
6 Eßlöffel Öl
3 Eßlöffel Weinessig
Salz
weißer Pfeffer
1 Prise Zucker

Kräuter verlesen, abspülen, trockentupfen und zusammen mit den Kapern sehr fein hacken.
Öl mit Essig, Salz, Pfeffer und Zucker in einer Schüssel verrühren. Kräuter und Kapern untermischen.
Vorbereitung: 10 Minuten.
Zubereitung: 5 Minuten.

Sie können zusätzlich eine kleine Senfgurke und ein hartgekochtes Ei, beides fein gewürfelt, in die Soße geben. Wichtig ist aber, daß die Vinaigrette immer so klar bleibt, daß man alle Zutaten erkennen kann.

Mayonnaise-Variationen

Register